INSTITUTO PHORTE EDUCAÇÃO
PHORTE EDITORA

*Diretor-Presidente*
Fabio Mazzonetto

*Diretora-Executiva*
Vânia M. V. Mazzonetto

*Editor-Executivo*
Tulio Loyelo


CONSELHO EDITORIAL

*Diretor-Presidente*
Fabio Mazzonetto

CONSELHEIROS

*Educação Física*
Francisco Navarro
José Irineu Gorla
Paulo Roberto de Oliveira
Reury Frank Bacurau
Roberto Simão
Sandra Matsudo

*Educação*
Marcos Neira
Neli Garcia

*Fisioterapia*
Paulo Valle

*Nutrição*
Vanessa Coutinho

# Gerenciamento e sistematização do cuidado de enfermagem em terapia intensiva

*Lia Cristina Galvão dos Santos* | *Ana Lucia Pazos Dias* (Organizadoras)

Coleção Enfermagem

Phorte
editora

São Paulo, 2013

*Gerenciamento e sistematização do cuidado de enfermagem em terapia intensiva*
Copyright © 2013 by Phorte Editora

Rua Treze de Maio, 596
Bela Vista – São Paulo – SP
CEP: 01327-000
Tel./fax: (11) 3141-1033
*Site*: www.phorte.com.br
*E-mail*: phorte@phorte.com

Nenhuma parte deste livro pode ser reproduzida ou transmitida de qualquer forma ou por qualquer meio, sem autorização prévia por escrito da Phorte Editora Ltda.

CIP-BRASIL. CATALOGAÇÃO-NA-FONTE
SINDICATO NACIONAL DOS EDITORES DE LIVROS, RJ

G317

Gerenciamento e sistematização do cuidado de enfermagem em terapia intensiva / [organização] Lia Cristina Galvão dos Santos, Ana Lucia Pazos Dias; [ilustração Ricardo Howards, Douglas Docelino]. - São Paulo : Phorte, 2013.
    280 p.

    Inclui bibliografia
    ISBN 978-85-7655-376-2

    1. Enfermagem de tratamento intensivo. I. Santos, Lia Cristina Galvão dos. II. Dias, Ana Lucia Pazos

13-0331.            CDD: 610.7361
                    CDU: 616-083.98

15.01.13   17.01.13                                                      042186

ph1971

Impresso no Brasil
*Printed in Brazil*

Este livro foi avaliado e aprovado pelo Conselho Editorial da Phorte Editora.
(www.phorte.com.br/conselho_editorial.php)

# Apresentação

O trabalho em unidade de terapia intensiva (UTI) é desafiador. Vários são os significados atribuídos ao contexto da infraestrutura do serviço que, por muitos, é considerado um local no qual ações mecanicistas se distanciam do calor humano. Entretanto, é importante lembrar que o cuidado é feito por pessoas e dirigido a outras pessoas que vivenciam instabilidades agudas ou crônicas. Portanto, não se pode negar a existência de um relacionamento interpessoal profissional-cliente em que surge o valor atribuído à vida carregado de significados individuais.

Neste livro, *Gerenciamento e sistematização do cuidado de enfermagem em terapia intensiva*, os autores procuram transmitir a experiência prática, levando em conta as especificidades das diversas dimensões que perpassam essa área, sabidamente complexa e presente no cotidiano da enfermagem.

Nesta primeira edição, o conjunto dos autores adverte, em suas explanações, a premência de consolidar e aproximar o gerenciamento da assistência à concretização do cuidado pelo enfermeiro. É à beira do leito que se expressa a essência do cuidado. É nesse contexto que o enfermeiro se torna visível e compõe sua ciência. Multidimensional, própria, dinâmica, ciência é a sistematização do conhecimento e é esta que promove a autonomia tão cobiçada pela categoria.

Gerência e assistência são áreas complementares e sua dissociação é fomentada pela lógica capitalista, mas é preciso compatibilizar essa relação pelo desenvolvimento de habilidades e competências, e, sobretudo, pela preservação da motivação profissional; o "motivo que leva à ação" de questionar e de posicionar-se para assumir atitudes ousadas e empreendedoras.

O novo papel do gerente é construir compromissos partindo do entendimento de que as pessoas são a vantagem competitiva de qualquer organização e que suas ambições profissionais e pessoais dependem delas próprias, e, nessa perspectiva, compreendendo as diversidades e as capacidades individuais, que se deve fomentar um cuidado que preserve, principalmente, a segurança da vida dos indivíduos submetidos aos seus cuidados.

Os capítulos foram organizados de forma a permitir a compreensão do cuidado, considerando a imbricação dos planos físico e não físico. Assim, são discutidos os aspectos relativos às dimensões políticas, éticas e legais do trabalho na UTI, a organização da estrutura física da unidade, os conceitos básicos para o cuidado de enfermagem em terapia intensiva e os índices prognósticos que devem norteá-lo.

Não nos esquecemos de dedicar um capítulo exclusivamente à discussão da segurança do paciente voltado para a prevenção de eventos adversos gerados pelo uso de medicamentos. Em seguida, está o capítulo que discute finitude e morte, um tema sempre difícil de encarar como contraste com a possibilidade da vida.

O capítulo de gerenciamento delineia conceitos de gestão participativa e gestão da qualidade, propondo a construção de indicadores da qualidade do cuidado, e abre caminho para a discussão que enfoca a sistematização da assistência de enfermagem. E, por ser uma das áreas em que o risco da aquisição de infecções relacionadas à assistência mostra sua face mais cruel, não poderíamos encerrar sem abordar as medidas de prevenção dessa condição nas UTIs.

A nossos colegas, parceiros nesta tarefa de ensinar/aprender, prestamos nossa homenagem e nosso agradecimento. Estamos certas de que a obra em seu conjunto proporciona aos profissionais de saúde a possibilidade do enriquecimento de seu saber-fazer. Aos leitores, desejamos que extraiam do livro orientações e pontos para a reflexão de sua ação como enfermeiros.

*Lia Cristina Galvão dos Santos*
*Ana Lucia Pazos Dias*

# Organizadoras

### ›› Lia Cristina Galvão dos Santos

Graduada em Enfermagem e Obstetrícia pela UFF. MBA em saúde pelo IBMEC. Mestre em Enfermagem pela Unirio. Doutora em Enfermagem pela UFRJ. Professora do Departamento de Enfermagem e do Curso de Mestrado Profissional em Ensino na Saúde da UGF. Coordenadora do Curso de Especialização em Enfermagem Intensiva de Alta Complexidade na UGF.

### ›› Ana Lucia Pazos Dias

Graduada em Enfermagem e Obstetrícia pela Escola de Enfermagem Ana Neri (UFRJ). Especialista em Prevenção e Controle de Infecção Hospitalar pela UGF. Especialista em Enfermagem Intensiva de Alta Complexidade pela UGF. MBA em saúde pelo IBMEC. Mestre em Enfermagem pela UERJ. Enfermeira do Ministério da Saúde. Professora do Departamento de Enfermagem da UGF. Coordenadora do Curso de Especialização em Enfermagem Intensiva de Alta Complexidade na UGF.

# Autores

**》André Luiz Evangelho Lopes**

Ex-diretor de Engenharia da Fiocruz. Sócio-diretor da Anenge Consultoria e Engenharia Ltda. Consultor de Engenharia Hospitalar. Mestre em estruturas.

**》Elizabeth Carla Vasconcelos Barbosa**

Doutora em Enfermagem (EEAN/UFRJ). Especialista em Administração Hospitalar e Sanitária (UGF). Pós-doutoranda em Políticas Sociais ESS/UFRJ. Professora adjunta III da Universidade Federal Fluminense/Instituto de Humanidades e Saúde. Responsável pelas disciplinas de Gestão e Planejamento em Saúde, e Educação em Enfermagem. Professora da pós-graduação em Gestão do Cuidado. Responsável pela disciplina Planejamento em Saúde: Concepções Históricas das Políticas Públicas. Membro do Núcleo de Pesquisa de Estudos Marxistas – LETs (IHS/UFF). Membro do Núcleo de Estudos Direitos Humanos e Trabalho (IHS/UFF). Professora convidada da pós-graduação em Enfermagem em Alta Complexidade e da disciplina de Gerência em Enfermagem na Alta Complexidade (UGF).

### 》 Flávia Silva de Souza

Mestre em Enfermagem pela Unirio. Doutoranda em Clínica Médica pela UFRJ. Chefe da Emergência do Hospital Universitário Clementino Fraga Filho. Membro do Time de Cateter do HUCFF.

### 》 Graciele Oroski

Graduada e licenciada em Enfermagem pela Escola de Enfermagem Aurora Afonso Costa da Universidade Federal Fluminense (UFF). Especialista em Enfermagem Cardiovascular pela Escola de Enfermagem Anna Nery da Universidade Federal do Rio de Janeiro (UFRJ). Mestre em Enfermagem pela Universidade Federal do Estado do Rio de Janeiro (Unirio). Doutora em Enfermagem pela EEAN-UFRJ. Professora adjunta do Departamento de Enfermagem Fundamental (DEF) da EEAN-UFRJ.

### 》 Iris Ribeiro Bazílio

Enfermeira do Instituto Nacional do Câncer. Mestre em Enfermagem pela Faculdade de Enfermagem da UERJ. Doutoranda em Enfermagem (EEAN/UFRJ).

### 》 Juliana Faria Campos

Doutoranda em Enfermagem pela UERJ. Especialista em Terapia Intensiva. Professora assistente da Escola de Enfermagem Anna Nery (UFRJ). Professora convidada do curso de especialização de Enfermagem Intensiva de Alta complexidade da UGF.

### ❯❯❯ Lolita Dopico da Silva

Enfermeira. Doutora em Enfermagem. Professora adjunta da Universidade do Estado do Rio de Janeiro (UERJ).

### ❯❯❯ Sergio Mello Guimarães

Psicólogo (Licenciatura Plena) pela UGF. Especialista em Geriatria e Gerontologia pela FRASCE. Aluno do Mestrado Profissional em Ensino na Saúde. Psicólogo e coordenador do Núcleo de Gerontologia na 28ª Enfermaria da Santa Casa da Misericórdia do Rio de Janeiro. Atendimento psicoterápico em consultório e em domicílio. Atendimento à pessoa idosa em domicílio e instituições de longa permanência.

### ❯❯❯ Simone Moreira

Enfermeira da Comissão de Controle de Infecção Hospitalar do Hospital Federal de Bonsucesso. Especialista em Prevenção e Controle de Infecção Hospitalar pela Universidade Gama Filho.

### ❯❯❯ Virginia Fernanda Januário

Docente do Departamento Interdisciplinar/Instituto de Humanidades e Saúde da UFF/Rio das Ostras. Área de atuação: Saúde do Adulto e Idoso em situações de média e alta complexidade. Doutoranda em Ciências Médicas pela FM/UFRJ. Mestre em Enfermagem pela EEAP/Unirio. Especialista em Terapia Intensiva pela UERJ.

# Sumário

## Parte 1 | Cenários da UTI .......... 15

1 | Cuidando no cenário de alta complexidade: as dimensões política, legal e ético-profissional .......... 17
*Flávia Silva de Souza*

2 | A estrutura física dos ambientes de tratamento intensivo e sua legislação ... 27
*André Luiz Evangelho Lopes*

3 | Bases para o cuidado de enfermagem na assistência ao cliente de alta complexidade na UTI .......... 53
*Virginia Fernanda Januário*

## Parte 2 | Prognóstico e Segurança na UTI .......... 91

4 | Índices prognósticos na unidade de terapia intensiva .......... 93
*Virgínia Fernanda Januário*

5 | Segurança do paciente no contexto da terapia intensiva .......... 103
*Lolita Dopico da Silva*

6 | Ensaio sobre a finitude e a morte .......... 123
*Sergio Mello Guimarães*

## Parte 3 | Gestão e Sistematização em Enfermagem..159

7 | Gestão em enfermagem nas unidades de alta complexidade: algumas reflexões 161
*Elizabeth Carla Vasconcelos Barbosa | Iris Ribeiro Bazílio*

8 | Sistematização da assistência de enfermagem em alta complexidade.........197
*Juliana Faria Campos | Graciele Oroski*

## Parte 4 | Enfermagem e Prevenção de Infecções na UTI......225

9 | Prevenção de infecções relacionadas à assistência à saúde no ambiente da UTI como interface da biossegurança hospitalar ......................................................227
*Lia Cristina Galvão dos Santos | Simone Moreira | Ana Lucia Pazos Dias*

10 | Enfermagem e prevenção de infecções relacionadas à assistência à saúde ...257
*Simone Moreira | Lia Cristina Galvão dos Santos*

# PARTE 1

CENÁRIOS DA UTI

# 1

## Cuidando no cenário de alta complexidade:
## as dimensões política, legal e ético-profissional

>>> *Flávia Silva de Souza*

O trabalho em unidade de alta complexidade é constituído de reflexão e indagação contínuas sobre como atuar melhor para garantir a manutenção da vida humana com qualidade e dignidade, dispondo de tecnologia constante e intensiva para reverter situações-limite que comprometam a vida.

Diariamente, apreende-se que não há ponto final quando se fala de vida e de cuidado, principalmente do cuidado de enfermagem. Independentemente da doença, da comorbidade, das expectativas de vida e do prognóstico, o cuidado é contínuo, sem fim. Estende-se à família, ao processo de alta do paciente, inclusive ao corpo em sua finitude. Portanto, é um cuidado complexo.

Etimologicamente, a palavra *complexo* deriva de *complexus*, que significa *entrelaçado* ou *que foi tecido em conjunto*. Para o senso comum, a palavra complexidade dá a conotação de caos, de desordem, ou até de adversidades (Figueiredo, Silva e Silva, 2006).

Na enfermagem, o emprego desse termo serve para definir o grau de complexidade do paciente, ou seja, sua condição e sua relação com a prática de cuidar (Figueiredo, Silva e Silva, 2006).

Da ótica holística, "o ser paciente" é, por si só, complexo, pois corpo, mente e alma não se separam. O ser paciente é portador de subjetividade, de emoções e de desejos, que não se esgotam.

Por isso, ao se falar do cuidado no cenário de alta complexidade, este se refere ao ser que recebe esse cuidado intensivo, que necessita ser conhecido e compreendido em sua demanda de intervenções, por estar em quadro clínico que aspira a cuidados e por ser sujeito com necessidades biopsicoespirituais.

Contudo, tal visão holística desse paciente não é recente e tem fundamentos históricos que precisam ser compreendidos para refletirem nos dias atuais.

## 1.1 A dimensão histórica e política do cuidar

Nos primórdios do século XIX, a enfermagem, como profissão, teve seu início conhecido com o trabalho de Florence Nigthingale. Florence, depois de estudar com freiras sobre cuidados a enfermos, recrutou e treinou um grupo de mulheres para colaborarem nos cuidados e na higiene aos feridos durante a Guerra da Crimeia (1854-1856) (Nishide, Malta e Aquino, 2005).

Nessa época, surgiu a ideia de classificar os enfermos de acordo com o grau de dependência e o tipo de doença de que sofriam nos hospitais de campanha; assim, pessoas com doenças infecciosas ficavam separadas de mulheres, crianças e de outros enfermos. Os doentes que demandavam mais atenção e cuidados ficavam próximos à área de trabalho das enfermeiras,[1] para maior vigilância e melhor atendimento (Nishide, Malta e Aquino, 2005).

Nessa época, a mortalidade entre os hospitalizados era de 40%; os cuidados de Florence reduziram a mortalidade para 2%. Ela implantou noções de higiene

---

[1] O termo aqui é apresentado como "enfermeiras" devido à literatura da época e por ser uma profissão eminentemente feminina.

e de cuidados básicos que reduziram a infecção hospitalar, promovendo a melhoria das condições de hospitalização dos soldados (Cheregathi et al., 2010).

Da mesma forma, foi necessário que uma área isolada do hospital fosse destinada aos pacientes que voltavam das cirurgias, pois eles não poderiam ficar com os outros enfermos, uma vez que demandavam outro nível de atenção. Com isso, apareceram as primeiras Unidades Especiais de Terapia (Salas de Recuperação Pós-Anestésicas), nas quais enfermeiras e médicos cirurgiões e anestesistas mantinham esses pacientes em processo de vigilância contínua.

Com o passar do tempo, foi atribuída a enfermeiras e equipe a responsabilidade direta pela observação e pelo tratamento clínico dos pacientes de risco.

A primeira unidade de terapia intensiva (UTI) surgiu no Hospital Johns Hopkins, com três leitos pós-operatórios neurocirúrgicos em 1914 (Nishide, Malta e Aquino, 2005). Na década de 1930, em Tübingen, Alemanha, com a assistência intensiva pós-operatória, surgiram as salas de recuperação cirúrgica. Em 1940, essas mesmas salas foram criadas em Rochester, Minnesota, Nova York e Nova Orleans (na Ochsner Clinic) (Nishide, Malta, Aquino, 2005).

Nos anos 1950, a epidemia de poliomielite sobrecarregou os hospitais, levando à criação de centros regionais para o atendimento de pacientes. Esses centros sofreram o impacto de novas tecnologias, com modernas técnicas de ventilação mecânica prolongada, evoluindo fora das salas de cirurgia. Esse processo fez que as enfermeiras lidassem, pela primeira vez, com equipamentos que mantinham os pacientes vivos e associavam cuidados manuais com manipulação de instrumentos (Nishide, Malta e Aquino, 2005).

Vale ressaltar que a alta mortalidade da época, desde o século XVIII, tinha uma causa: o hospital era visto como morredouro, ou seja, abrigava moribundos. Esses hospitais ficavam longe dos centros urbanos, pois a ideia era prevenir a disseminação de doenças. O médico visitava o hospital algumas vezes ao dia e as enfermeiras eram responsáveis por todos os cuidados nesses locais.

Toda a estrutura gerencial hospitalar era regida pelas enfermeiras, pois eram as responsáveis pelos enfermos durante 24 horas por dia.

A necessidade de se ter e de se aplicar a tecnologia para a manutenção da vida tem um ponto histórico relevante: trabalhadores jovens morriam de moléstias tratáveis ou na guerra, o que reduziu a mão de obra em atividade para o desenvolvimento do país. Era necessário, então, investir em conhecimento e em instrumentos que pudessem recuperar as pessoas, para que voltassem a "colaborar" com o crescimento e o desenvolvimento do capital.

Assim, no fim da década de 1950, em Los Angeles, foi criada a primeira unidade de choque, com a introdução de monitorização cardiovascular invasiva dos pacientes em estado crítico e com traumatismo, técnica desenvolvida por Swan-Ganz para a avaliação invasiva da pressão de artéria pulmonar (Nishide, Malta e Aquino, 2005).

A partir de 1960, com o advento dos monitores e das cirurgias cardíacas com circulação extracorpórea, tornou-se possível a maior vigilância dessa clientela.

Em 1970, foram implantadas no Brasil as primeiras UTIs, para concentrar os pacientes com alto grau de complexidade em uma área hospitalar adequada, com infraestrutura própria e provisão de equipamentos e materiais, além de recursos humanos capacitados para desenvolver o trabalho com segurança.

Ao promover um diálogo entre a história e os dias atuais, observa-se que o enfermeiro,[2] anteriormente gerente e responsável por toda a instituição, atualmente desempenha múltiplas atividades e tem um papel profissional definido, mas subordinado a uma categoria que, no passado, apenas visitava o hospital.

O trabalho que Florence realizou também teve propósitos políticos sólidos para a profissão, pois ela foi condecorada depois da guerra e recebeu como prêmio a administração de um ex-hospital de campanha.

---

[2] A frase apresenta o termo "enfermeiro" referindo-se aos dias atuais, pela constituição da profissão contemporaneamente.

Para a enfermagem, isso significava respeito e reconhecimento de uma profissão eminentemente feminina, excludente e subordinada. Isso porque, naquela época, havia domínio total sobre o corpo e sua subjetividade; a mulher tinha uma postura submissa e era dominada. O ideal de Florence era constituir uma profissão com habilidades e competências únicas que a fizessem ser respeitada como tal em qualquer território.

Com o passar dos anos, a enfermagem, que admitia só pessoas do sexo feminino, abriu suas portas para o público masculino, mas isso não ampliou os horizontes políticos e espaciais da profissão.

Isso pode ser constatado na pesquisa conduzida por Souza (2008), em que se observou que os enfermeiros não têm consciência de seu papel político e social no hospital; por isso, ocupam múltiplos espaços sociais e geográficos, inclusive aqueles que não lhes dizem respeito diretamente, em detrimento do cuidado direto ao paciente – base filosófica de sua profissão.

Do ponto de vista político, no hospital, o enfermeiro estabelece inter-relações com diversas profissões e categorias, sempre em busca da promoção de um cuidado que seja individualizado e holístico.

Mais uma vez, encontra-se aqui a definição de *cuidado complexo*, pois demanda raciocínio, pensamento lógico e científico, subjetividade e relacionamento interpessoal. Fala-se, então, de uma atividade complexa direcionada a um ser complexo.

## 1.2 A dimensão ética e legal do cuidar

Tal dimensão refere-se à reflexão do cuidar em UTI com fundamentação ética e legal, respeitando os preceitos determinados pelo Código de Ética dos Profissionais de Enfermagem, o Código Civil e o Penal brasileiro.

A responsabilidade ética é decorrente do descumprimento de normas, valores ou princípios éticos contidos no Código de Ética dos Profissionais de Enfermagem, instrumento legal que reúne um conjunto de normas, de princípios morais e do direito relativos à profissão e ao seu exercício (Oguisso e Zoboli, 2006).

O Código de Ética define o compromisso da enfermagem com a sociedade e trata de aspectos referentes ao trabalho nas diversas instituições que forneçam esses cuidados (Oguisso e Zoboli, 2006).

A responsabilidade profissional implica o descumprimento de normas legais, ou seja, quando um profissional não cumpre as normas relativas à vida, à sua preservação e ao respeito ao direito do paciente e de sua família. Portanto, qualquer atividade que envolva o risco à vida ou a violação dos direitos humanos constitui uma ação pela qual o profissional deve responder no que diz respeito à sua responsabilidade pelo cuidado que deveria ser adequado àquele paciente (Oguisso e Zoboli, 2006).

O cuidado ético diz respeito às relações entre as pessoas, ao caráter e à atitude de um enfermeiro em relação a elas, colocando o enfermeiro na condição de defensor do paciente, resolvendo dilemas éticos, uma vez que lida com as relações e dá prioridade à individualidade (Oguisso e Zoboli, 2006).

Do ponto de vista ético e legal da assistência prestada na UTI, podemos observar as seguintes normas:

- A RDC nº 50, de 21 de fevereiro de 2002, dispõe sobre o Regulamento Técnico para planejamento, programação, elaboração e avaliação de projetos físicos de estabelecimentos assistenciais de saúde.
- A Portaria nº 551, de 13 de abril de 2005, MS, estabelece o Regulamento Técnico para o funcionamento de Serviços de Atenção ao Paciente Crítico e Potencialmente Crítico.

- A RDC nº 7, de 24 de fevereiro de 2010, dispõe sobre os requisitos mínimos para o funcionamento de UTI e dá outras providências.

Nota-se que, com o passar dos anos, tendo em vista o aumento da complexidade dos pacientes e das demandas de cuidados críticos, houve alteração das Normas e das Resoluções que determinam desde a construção da planta física do setor até a distribuição e a especialização dos recursos humanos disponíveis, com o objetivo de garantir a sobrevida e a assistência de qualidade a essa clientela.

Assim, para Marx (2003), a legislação em UTI prevê:

- o direito à sobrevida, assim como a garantia, dentro dos recursos tecnológicos existentes, da manutenção da estabilidade de seus parâmetros vitais;
- o direito a uma assistência humanizada;
- a exposição mínima aos riscos decorrentes dos métodos propedêuticos e do próprio tratamento em relação aos benefícios obtidos, seja em relação aos cuidados médicos ou à enfermagem;
- o monitoramento permanente da evolução do tratamento, assim como de seus efeitos adversos.

Portanto, o cuidado em UTI está cercado de ações a serem respeitadas, refletidas e discutidas, principalmente no que se refere à preservação da vida, à prevenção de complicações, à segurança do paciente e ao trabalho no processo de morte e morrer. Isso, porque, apesar de ser um setor no qual todas as ações estão voltadas para a manutenção da vida com qualidade, por vezes, pode-se haver situações que envolvem o processo de morte iminente, inclusive no que se refere aos cuidados paliativos.

Dessa forma, complexos são a unidade, o paciente e tudo que envolve o cuidado nesse setor.

## 1.3 A dimensão profissional do cuidar

Sobre a dimensão profissional do cuidar, há aspectos relevantes sobre os quais se deve refletir e que se relacionam à assistência e ao processo de cuidar, ao trabalho em si e ao relacionamento entre profissionais na unidade.

Para Souza (2008), o cuidar em enfermagem envolve o Saber e o Fazer, ou seja: o Saber se refere ao conhecimento científico, tecnológico, social, humano, político e ético; e o Fazer é a prática, o agir, a operacionalização do saber, que se manifesta no cuidado direto e indireto ao paciente. Então, Cuidar, Saber e Fazer entrelaçam-se continuamente, objetivando suprir as necessidades dos pacientes internados nesse setor (Souza, 2008).

A assistência de enfermagem em alta complexidade requer habilidades técnicas, científicas e conhecimento específico. Porém, o conhecimento não tem relevância se seu propósito não for a troca de experiências e a educação. Por isso, além de realizar cuidados, de sistematizá-los, o enfermeiro ainda tem o papel educador dentro da unidade de alta complexidade.

O processo de cuidar, direta ou indiretamente, constitui-se em conjunto de ações específicas, coordenadas e sistematizadas, objetivando a melhoria da qualidade de serviço prestado pela enfermagem, racionalizando o tempo, evitando desperdícios e agilizando a produtividade e a eficiência das respostas – a base da assistência eficiente, rápida e humana (Souza, 2008).

Este processo é de operacionalização proveitosa em setor de alta complexidade, porque a dinâmica de trabalho na unidade colabora com esta prática, ou seja, o setor possui leitos específicos, entrada restrita e número máximo de acomodação de pacientes. Além disso, existe também a concentração de tecnologia de humana e material totalmente voltada para o trabalho que é executado neste local.

Sobre o relacionamento humano e interpessoal, buscam-se o diálogo e o consenso entre todos os profissionais, pois o enfoque maior e a verdadeira razão de se estar no setor é o cuidado integral e humano ao paciente. Apesar de saber que cada profissão tem seus objetivos e alvos a serem alcançados, no que se refere ao paciente de alta complexidade, a meta a ser atingida por todos é uma assistência tal que proporcione vida com qualidade e retorno desse paciente ao seu meio social.

Quando a equipe multiprofissional deixa seus objetivos particulares para voltar-se ao cuidado direto ao paciente crítico, o gerenciamento de conflitos entre a equipe torna-se mais fácil e a relação interpessoal, mais amistosa.

Esse é o pilar de sustentação do trabalho em unidade de alta complexidade, com enfoque no paciente e em suas necessidades.

## » Referências

Anvisa. *RDC nº 7, de 24 de fevereiro de 2010*. Disponível em: <http://bvsms.saude.gov.br/bvs/saudelegis/anvisa/2010/res0007_24_02_2010.html>. Acesso em: 11 mar. 2012.

_____. *RDC nº 50, de 21 de fevereiro de 2002*. Publicada em DOU de 21 de julho de 2003. Disponível em: <www.anvisa.gov.br/legis/resol/2002/50_02rdc.pdf>. Acesso em: 11 mar. 2012.

_____. *Portaria nº 551, de 13 de abril de 2005*. Publicada em DOU de 28 de abril de 2006. Disponível em: <http://drt2001.saude.gov.br/sas/PORTARIAS/Port2005/GM/GM-551.htm>. Acesso em: 11 mar. 2012.

Cintra, E. A.; Nishide, V. M.; Nunes, W. A. *Assistência de enfermagem ao paciente gravemente enfermo*. São Paulo: Atheneu, 2005.

Cheregatti, A. L. (Org.). *Enfermagem em unidade de terapia intensiva*. São Paulo: Martinari, 2010.

Figueiredo, N. M. A.; Silva, C. R. L.; Silva, R. C. L. (Org.). *CTI*: atuação, intervenção e cuidados de enfermagem. São Caetano do Sul: Yendis, 2006.

Marx, L. C. *Manual de gerenciamento de enfermagem*. 2. ed. rev. atual. São Paulo: EPUB, 2003.

Nishide, V. M.; Malta, M. A.; Aquino, K. S. Aspectos Organizacionais em Unidade de Terapia Intensiva. In: Cintra, E. A.; Nishida, V. M.; Nunes, W. A. *Assistência de enfermagem ao apaciente gravemente enfermo*. São Paulo: Atheneu, 2005.

Oguisso, T.; Zoboli, L. C. P. *Ética e bioética*: desafios para a enfermagem e a saúde. Barueri: Manole, 2006.

Silva, R. M. C. R. A. *A percepção do corpo do cliente pela enfermeira*: uma abordagem fenomenológica. 2000. 122 p. Tese (Doutorado em Enfermagem) – Escola de Enfermagem Anna Nery, Universidade Federal do Rio de Janeiro, Rio de Janeiro, 2000.

Souza, F. S. *A ocupação de espaços em sala de emergência*: uma experiência com enfermeiras que cuidam. 2008. Dissertação (Mestrado) – Universidade Federal do Estado do Rio de Janeiro, Rio de Janeiro, 2008.

Waldow, V. R. *Cuidado humano*: o resgate necessário. Porto Alegre: Sagra Luzzatto, 1998.

# 2

## A estrutura física dos ambientes de tratamento intensivo e sua legislação

>>> *André Luiz Evangelho Lopes*

A proposta deste capítulo é destacar a importância da planta física (projeto de arquitetura), assim como dos projetos de instalações em que ocorre a difícil tarefa de "cuidar dos pacientes" em uma unidade de terapia intensiva, como elementos fundamentais nos aspectos de segurança para o trabalhador e para os pacientes de um Estabelecimento Assistencial de Saúde (EAS).

A unidade de cuidados intensivos é conhecida por centro de terapia intensiva (CTI) ou unidade de terapia intensiva (UTI). Será adotado CTI para identificar o ambiente de tratamento intensivo.

Fundamentalmente, será discutido o CTI de adultos, não analisando nem o CTI pediátrico, nem a UTI neonatal por terem características distintas. Outra questão importante é que as UTIs podem ser em quartos individuais ou em área de tratamento coletivo (salão).[1] Neste trabalho, será analisado somente um CTI adulto na forma de salão, por assim se constituir a maioria dos ambientes de CTI encontrados em nosso país.

---

[1] Área coletiva de tratamento com vários leitos.

Pretende-se explorar as necessidades dos pacientes, dos acompanhantes e dos profissionais de saúde, e relacioná-las às principais legislações sobre o tema. Para tanto, e também para melhor acompanhamento desta discussão, o principal material consultado será:

- RDC-50, de 21 de fevereiro de 2002.
- Resolução nº 7, de 24 de fevereiro de 2010 – Anvisa.
- ABNT NBR 9.050, de 30 de junho de 2004.
- Portaria MTE 485 – NBR 32, de 11 de novembro de 2005.
- RDC-306, de 7 de dezembro de 2004.
- RE nº 9, de 16 de janeiro de 2003 – Anvisa.
- ABNT NBR 7256, de 29 de abril de 2005.
- Portaria nº 3.523, de 28 de agosto de 1998 (PMOC) – Ministério da Saúde.
- ABNT NBR 13.534, de 28 de julho de 2008.
- ABNT NBR 5.419, de fevereiro de 2001.
- ABNT NBR 5.410, de 31 de março de 2005.
- ABNT NBR 13.587, versão corrigida de 1998.
- ABNT NBR 12.188, de 2001.
- Portaria nº 518, de 25 de março de 2004 – Ministério da Saúde.

Como caminho metodológico, dada a complexidade do tema, a qual nunca se esgotará, a apresentação será dividida em duas partes. Na primeira, a planta física será analisada com os ambientes necessários em um CTI (projeto de arquitetura); na segunda, os projetos de instalações necessários em um CTI, seguida de breve conclusão.

## 2.1 Planta física (projeto de arquitetura)

## 2.1.1 Organização física funcional, dimensionamentos e quantificações

Como metodologia, a RDC-50 apresenta um Estabelecimento Assistencial de Saúde (EAS) de acordo com suas atribuições, atividades e subatividades.

Um EAS pode ter no máximo oito atribuições, ao passo que a unidade de cuidados intensivos está descrita na atribuição 3 (internação).

A atribuição 3 (internação) é subdividida em quatro atividades; o CTI é a atividade 3.3 e tem várias subatividades que transcrevemos a seguir, de acordo com a RDC-50 da Anvisa (2002):

> 3.3 – Internação de pacientes em regime de terapia intensiva:
> 3.3.1 – proporcionar condições de internar pacientes críticos, em ambientes individuais ou coletivos, conforme o grau de risco, a faixa etária (exceto neonatologia), a patologia e os requisitos de privacidade;
> 3.3.2 – executar e registrar a assistência médica intensiva;
> 3.3.3 – executar e registrar a assistência de enfermagem intensiva;
> 3.3.4 – prestar apoio diagnóstico laboratorial, de imagens, hemoterápico, cirúrgico e terapêutico durante 24 horas;
> 3.3.5 – manter condições de monitoramento e assistência respiratória 24 horas;
> 3.3.6 – prestar assistência nutricional e distribuir alimentação aos pacientes;
> 3.3.7 – manter pacientes com morte cerebral, nas condições de permitir a retirada de órgãos para transplante, quando consentida; e
> 3.3.8 – prestar informações e assistência aos acompanhantes dos pacientes.

Acompanhando a atividade na própria RDC-50, há uma tabela quantitativa do mínimo que um CTI deve ter para satisfazer as necessidades já descritas nas subatividades.

Quadro 2.1 – Unidade funcional: Internação

| \multicolumn{5}{c|}{**Unidade Funcional: 3 – Internação**} |
|---|---|---|---|---|
| Nº ativ. | Unidade/ Ambiente | \multicolumn{2}{c|}{Dimensionamento} | Instalações |
| | | Quantificação (mínima) | Dimensão (mínima) | |
| 3.3 | Internação intensiva – UTI/CTI.[1] | É obrigatória a existência em hospitais terciários e em hospitais secundários com capacidade ≥ 100 leitos, bem como nos especializados que atendam pacientes graves ou de riscos e em EAS que atendam gravidez/ parto de risco. Neste último caso, o EAS deve dispor de UTIs adulta e neonatal. | | |
| 3.3.2; 3.3.3; 3.3.5 | Posto de enfermagem/área de serviço de enfermagem | Um para cada área coletiva ou conjunto de quartos, independentemente do número de leitos. | Ao menos um dos postos (quando houver mais de um) deve ter 6,0 m². | HF; EE |
| 3.3.2 | Área para prescrição médica | | 1,5 m. | |
| 3.3.1 a 3.3.3; 3.3.5 a 3.3.7 | Quarto (isolamento ou não) | Mínimo de cinco leitos podendo existir quartos ou áreas coletivas, ou ambos, a critério do EAS. O número de leitos de um deve corresponder a, no mínimo, 6% do total de leitos do EAS. Deve ser previsto um quarto de isolamento para cada dez leitos de UTI, ou fração. | 10 m² com distância de 1 m entre paredes e leito, exceto cabeceira e pé do leito = 1,2 m. | HF; FO; FAM; AC; EE; FVC; ED; E |
| | Área coletiva de tratamento (exceto neonatologia) | | 9,0 m² para leito com distância de 1 m entre paredes e leitos, exceto cabeceira de 2 m entre leitos e pé do leito = 1,2 m (o espaço destinado à circulação da unidade pode estar incluído nessa distância). | HF; FO; FAM; AC; EE; FVC; ED |

Continua

Continuação

| Unidade Funcional: 3 – Internação |||||
|---|---|---|---|---|
| Nº ativ. | Unidade/ Ambiente | Dimensionamento || Instalações |
| ^^ | ^^ | Quantificação (mínima) | Dimensão (mínima) | ^^ |
| 5.3.1; 5.3.2 | Sala de higienização e preparo de equipamentos/material | Dispensável se esta atividade ocorrer na CME. | 4,0 m² com dimensão mínima igual a 1,5 m. | HF |
| 3.3.8 | Sala de entrevista | | 6,0 m². | |

HF = Água fria. EE = Elétrica de emergência. FO = Oxigênio. FAM = Ar comprimido medicinal. AC = Ar-condicionado. FVC = Vácuo clínico. ED = Elétrica diferenciada. E = Exaustão.

Fonte: Anvisa (2002).

Ambientes de apoio:

- CTI/UTI (unidade de acesso restrito);
- sala de utilidades;
- quarto de plantão;
- rouparia;
- depósito de equipamentos e materiais;
- banheiro para quarto de plantão;
- sanitários com vestiários para funcionários (masculino e feminino);
- sala de espera para acompanhantes e visitantes (anexo ou não à unidade);
- sala administrativa (secretaria);
- depósito de material de limpeza;
- copa;
- área de estar para a equipe de saúde;
- sanitário para público (junto à sala de espera);
- sanitário para pacientes (geral): pode ser substituído, quando se fizer uso de quartos individuais, por equipamento ou bancada contendo lavatório e bacia sanitária juntos.

*Observações*

- Os boxes das áreas coletivas de tratamento devem ter dispositivos que permitam a privacidades dos pacientes, quando necessário.
- Na UTI pediátrica, deve ser prevista poltrona para acompanhante junto aos leitos, sem que isso implique aumento de área prevista para cada leito.
- A sala de espera pode ser compartilhada com setores afins do hospital, desde que seja dimensionada para atender à demanda das unidades a que se destina.
- O posto de enfermagem deve estar instalado de forma a permitir observação visual direta ou eletrônica dos leitos ou berços. No caso de observação visual por meio eletrônico, deverá dispor de uma central de monitores.

Dada a apresentação da RDC-50, a análise será iniciada pela óptica do projeto de arquitetura do CTI. Dessa forma, e para facilitar o entendimento, este trabalho será dividido em quatro tópicos:

- ambientes com acesso dos pacientes e/ou acompanhante;
- ambientes de acesso somente para profissionais de saúde;
- circulações internas;
- acabamentos e revestimentos.

## 2.1.1.1 Ambientes com acesso dos pacientes e/ou acompanhantes

### 2.1.1.1.1 Antecâmara de acesso

O acesso ao CTI deve ser feito por meio de barreira, que se denomina antecâmara de acesso, na qual deverá ser prevista uma pia para a lavagem das mãos com acionamento sem o uso destas.

### 2.1.1.1.2 Posto de enfermagem

O posto de enfermagem deve ter no mínimo 6 m² e um local para prescrição médica, assim como ampla visualização de todos os leitos, sendo fundamental que, mesmo com a ampla visualização dos pacientes, o posto de enfermagem tenha uma central de monitoração para todos os leitos. Junto do posto de enfermagem, deve ser previsto o posto de serviços, com, no mínimo, 4 m², o qual deverá ter um armário de medicamentos com estoque mínimo, de preferência, para dois dias, uma bancada de aço inoxidável de ótima qualidade, com duas pias com 50 x 40 cm e com, no mínimo, 30 cm de profundidade, sendo uma pia para preparo de medicamentos e outra para a lavagem das mãos.

### 2.1.1.1.3 Área para leitos

A recomendação da RDC-50 da área para leitos é 9 m² por leito, prevendo a distância de 1 m de cada lado do leito e 1,20 m no "pé da cama" do paciente; portanto, a distância entre leitos deve ser de 2 m. Importante ressaltar que essa área e essa recomendação serão válidas somente se os leitos tiverem "torre de sustentação"[2] dos equipamentos, para que as instalações elétricas e de gases possam não estar fixadas na parede. Desse modo, evita-se o que se observa na maioria dos hospitais quando a equipe de saúde presta cuidados em meio a grande número de fios e tubos, quando se faz necessária a instalação de prótese ventilatória, ou seja, quando é necessário que um paciente seja "entubado".

Portanto, recomenda-se aumentar a área para 12 m² ou usar sempre soluções que venham do teto, como a "torre de sustentação".[3]

Vale a pena destacar que a separação dos espaços dos leitos seja feita por cortina com tecido lavável e permanentemente fiscalizado quanto à limpeza; além de dar privacidade ao paciente, propicia maior espaço para a locomoção dos profissionais.

### 2.1.1.1.4 Quarto de isolamento

Deve haver um quarto de isolamento para cada dez leitos de terapia intensiva, no mínimo, uma vez que esse quarto deve ter seu acesso somente por meio de uma antecâmara, na qual há uma pia com 50 x 40 x 30 cm de aço inoxidável, com torneira com acionamento sem o uso das mãos.

No quarto, sugerimos os seguintes ambientes:

- quarto com, no mínimo, 10 m²;
- banheiro para portadores de necessidades especiais;
- sala de utilidades com depósito temporário de resíduos (DTRSS), de preferência com os resíduos sendo retirados por circulação externa.

---

[2] Torre de sustentação é uma estrutura presa no teto na qual ficam instalados os gases e as instalações elétricas.
[3] Os hospitais normalmente não usam a torre devido ao seu custo.

Salienta-se a importância de se conhecer a patologia do paciente que será atendido nesse isolamento, visto que um bom projeto de tratamento de ar deverá calcular as diferentes pressões de que cada antecâmara necessitará; isto é, nas situações de internação de pacientes com orientação para isolamento de contato, a diferença de pressão da antecâmara em direção ao quarto de isolamento será pequena. Em contrapartida, para pacientes com infecção transmitida pelo ar, orienta-se que o fluxo de pressão seja da antecâmara para o quarto; já para pacientes de transplantes de medula óssea (TMO) ou transplantados em geral, orienta-se que o fluxo de pressão seja do quarto para a antecâmara. As diferenças de pressão do quarto de isolamento para a antecâmara, e vice-versa, deverão ser maiores e devidamente dimensionadas.

### 2.1.1.1.5 Sala de espera para acompanhantes

Como o CTI é um ambiente de acesso restrito e, como consequência, as visitas dos familiares são limitadas a uma pessoa por vez, o EAS precisa oferecer condições de conforto a esses acompanhantes que estão fora do CTI esperando para ver o paciente. Para proporcionar esse conforto e possibilitar uma espera com maior tranquilidade, no projeto de arquitetura, deverá ser prevista uma sala de espera para acompanhantes equipada, se possível, com computadores, a qual poderá ser compartilhada com outros ambientes, segundo a RDC50.

### 2.1.1.1.6 Sanitários para pacientes

O CTI deve ter um sanitário para pacientes e, se houver espaço, que este sanitário seja um banheiro, pois, em muitos casos, o paciente pode se locomover e, com isso, fazer sua higiene no chuveiro.

### 2.1.1.1.7 Sanitários para público

Os sanitários para ambos os gêneros devem estar localizados na sala de espera ou no andar do CTI, mas sempre fora deste.

### 2.1.1.1.8 Sala de entrevistas

Sala fundamental, apesar de não ser obrigatória pela legislação, pois, em sua ausência, a relação profissional de saúde-família fica prejudicada. A sala de entrevistas não precisa ser no CTI, mas em qualquer espaço fechado com, no mínimo, 6 m², dentro do EAS.

## 2.1.1.2. Locais de acesso somente para profissionais de saúde (apoios)

O CTI deve ser projetado para que as áreas de apoio não sejam acessadas pelos pacientes e acompanhantes, estando localizadas em áreas que denominamos *áreas segregadas*.

### 2.1.1.2.1 Quarto de plantonista com banheiro

Neste quarto, o plantonista deve ter condições de descansar com toda a tranquilidade. Esse ambiente deve ser dentro do CTI, em área segregada dos pacientes, com os apoios necessários. Sempre que possível, localizar essa sala, permitindo que o acesso de alimentação seja feito pelo corredor externo ao CTI (circulação externa).

### 2.1.1.2.2 Sala de utilidades

Esta sala deve ter, no mínimo, 4 m², com dimensão mínima de 1,50 m, sendo composta por uma bancada de aço inoxidável com duas pias, uma para lavar as mãos, com 50 x 40 x 30 cm, com torneira acionada sem o uso destas, e outra para expurgar os materiais com fundo cônico, tubo de esgoto de 75 cm e válvula de descarga. Na sala de utilidades ficam os *hampers* de roupa suja.

### 2.1.1.2.3 Rouparia

O CTI deve ter um local para guardar a roupa limpa, que pode ser um armário, uma área ou uma sala, dependendo do tamanho do CTI, da frequência de entrega das roupas e do número de "mudas de roupas" do EAS.

### 2.1.1.2.4 Depósito de equipamentos

O CTI necessita de um depósito de equipamentos com local de tamanho adequado para atender, no mínimo, os equipamentos que necessitam de reposição imediata, além, obviamente, de um aparelho de raios X portátil.

### 2.1.1.2.5 Depósitos de materiais

Também deve haver no CTI um depósito de materiais médicos e outro de medicamentos (farmácia). O tamanho desses depósitos deve ser dimensionado conforme o sistema de "entrega programada" estabelecido pelo EAS.

### 2.1.1.2.6 Sanitários de funcionários

O CTI deve ter nessa área segregada pelo menos um sanitário para funcionários. Se esse CTI tiver mais de três profissionais de cada gênero, deve ter dois sanitários, sendo um para cada gênero.

### 2.1.1.2.7 Depósito de material de limpeza (DML)

O CTI deve dispor de um DML exclusivo, uma vez que a RDC-50 determina que esta área deva ser de 2 m², com dimensão mínima de 1 m. Esse ambiente deve ter um tanque e um armário para armazenamento do material de limpeza. Como o carrinho de limpeza deve ficar nesse depósito, aconselha-se que essa sala tenha uma área maior que os 2 m² exigidos pela legislação, ou seja, que tenha no mínimo 3 m². Ela pode estar localizada fora do CTI ou na área de apoio "segregada.

### 2.1.1.2.8 Copa de funcionários

A copa de funcionários deve ser de um tamanho tal que permita aos profissionais de saúde fazer lanches. Não se recomenda seu uso para refeições, as quais devem ser feitas somente no refeitório de funcionários. Se possível, essa copa deve ter acesso por fora do CTI.

## 2.1.1.2.9 Área de estar para a equipe de saúde

Deve haver essa área no CTI para que os profissionais de saúde possam aliviar o estresse a que são submetidos pelo trabalho intensivo. Entretanto, de acordo com a legislação, essa área não é obrigatória.

## 2.1.1.2.10 Depósito temporário de resíduos em serviços de saúde (DTRSS)

O DTRSS é um depósito no qual os resíduos permanecerão até serem levados para o abrigo de resíduos e, deste, para o destino final, conforme estabelece a RDC-306. A RDC-50 e a RDC-306 permitem que, se a sala de utilidades for aumentada de 4 m² para 6 m², este DTRSS seja incluído nessa sala. No entanto, a NR-32 obriga que o DTRSS seja exclusivo para resíduos. Por isso, aconselha-se que, nos EAS novos e onde for possível, o DTRSS seja separado da sala de utilidades, e apenas nos EAS antigos e com falta de espaço sejam unificados.

## 2.1.1.3 Circulações internas

### 2.1.1.3.1 Localização e acessos ao CTI

A localização do CTI no EAS é fundamental na estruturação de seu projeto, pois a atividade exercida pela UTI está diretamente ligada a todas as atribuições de um EAS.

Entendendo que o CTI em um EAS de alta complexidade receberá fundamentalmente paciente do Centro Cirúrgico e do Atendimento Imediato (Urgência e Emergência), esses fluxos e circulações devem facilitar a circulação dos pacientes.

Outra questão importante são as circulações entre o CTI e as atividades de apoio técnico (nutrição, farmácia e central de materiais) e de apoio logístico (depósito, almoxarifados e abrigos de resíduos), para que os insumos e os serviços tenham acessos facilitados para atender às necessidades dos pacientes e dos profissionais de saúde do CTI.

### 2.1.1.3.2 Circulações horizontais

*Corredores*

Os corredores de circulação que levam os pacientes do Centro Cirúrgico, da Emergência, da Internação e de todos os ambientes até o CTI devem ter largura mínima de 2 m, não podendo ser usados como área de estacionamento de carrinhos nem como área de espera. Os corredores destinados à circulação de pacientes devem ter corrimãos em, ao menos, uma parede lateral, a uma altura de 80 a 92 cm do piso, e com finalização curva.[4] Nas áreas de circulação, só podem ser instalados telefones de uso público, bebedouros, extintores de incêndio, carrinhos e lavatórios, para não reduzirem a largura mínima estabelecida e não obstruírem o tráfego, a não ser que a largura exceda 2 m. No caso de desníveis de piso superiores a 1,5 cm, deve ser adotada rampa unindo os dois níveis com, no máximo, o previsto na Tabela 2.1.

Tabela 2.1 – Dimensionamento das rampas

| Inclinação admissível em cada segmento de rampa ($i$ %) | Desníveis máximos de cada segmento de rampa ($h$ m) | Número máximo de segmentos de rampa |
|---|---|---|
| 5,00 (1:20) | 1,50 | Sem limite |
| 5,00 (1:20) < $i$ ≤ 6,25 (1:16) | 1,00 | Sem limite |
| 6,25 (1:16) < $i$ ≤ 8,33 (1:12) | 0,80 | 15 |

Fonte: ABNT NBR-9050 (2004).

---

[4] Os bate-macas também podem ter a função de corrimão.

*Portas*

Todas as portas de acesso a pacientes devem ter dimensões mínimas de 0,80 (vão livre) x 2,10 m, inclusive sanitários.

Todas as portas usadas para a passagem de camas/macas no CTI devem ter dimensões mínimas de 1,10 m (vão livre) x 2,10 m; exceção feita às portas de acesso às unidades de diagnóstico e terapia, que necessitam de acesso de maca.

A porta de banheiros e sanitários de pacientes devem abrir para fora do ambiente ou permitir a retirada da folha pelo lado de fora, a fim de que sejam abertas sem necessidade de empurrar o paciente eventualmente caído atrás da porta. As portas devem ser dotadas de fechaduras, do tipo alavanca ou similares, de fácil abertura em caso de emergência e barra horizontal a 90 cm do piso.

### 2.1.1.3.3 Circulações verticais

Quando o CTI estiver localizado em andar diferente do andar de acesso, o EAS deverá ter elevador de maca/leito ou rampa, conforme a Tabela 2.1.

É desaconselhável o uso de rampas; devem ser utilizados elevadores, pois estes são mais seguros e mais econômicos, levando-se em conta os riscos aos pacientes e as áreas ocupadas pelas rampas.

## 2.1.1.4 Acabamentos de paredes, pisos, tetos e tubulações

Os revestimentos em um CTI desempenham papel fundamental tanto na segurança dos pacientes e dos profissionais de saúde quanto no controle de infecções hospitalares. Nos itens a seguir, relacionam-se os revestimentos de pisos, paredes e tetos, e como devem ser as tubulações em um CTI.

### 2.1.1.4.1 Pisos e paredes

No CTI, podem ser usados três tipos de piso:

- piso vinílico em manta;
- piso tipo "granitina" monolítico;
- pisos cerâmicos com índice de absorção de água superior a 4% individualmente ou depois de instalados no ambiente; além disso, quando houver rejunte de suas peças, seu material deve ter o mesmo índice de absorção (epóxi).

Nas paredes de um CTI, deve ser usada tinta lavável, de preferência acrílica, pois a tinta à base de epóxi dificulta a manutenção e possíveis "retoques".

### 2.1.1.4.2 Rodapés

Os rodapés do CTI devem ser feitos de modo que sua união com as paredes esteja alinhada, evitando-se o tradicional ressalto do rodapé que permite o acúmulo de pó e é de difícil limpeza.

### 2.1.1.4.3 Forros

Os tetos do CTI devem ser contínuos, sendo proibido o uso de forros falsos removíveis, para que não interfiram na limpeza dos ambientes.

### 2.1.1.4.4 Tubulações

Todas as tubulações em um CTI devem ser embutidas nas paredes, sendo permitido o uso de tubulações externas apenas para tubulações de gases, por razão de segurança. No entanto, o uso de "réguas" e de outros acabamentos que "escondam" e protejam as tubulações é permitido, desde que sejam removíveis.

Na Figura 2.1, apresentamos um exemplo de uma UTI.

Figura 2.1 – Exemplo de distribuição de áreas no CTI.

## 2.2 Projetos de instalações do CTI

Assim como nos ambientes, as instalações devem minimizar ao máximo os riscos.[5] Em vista disso, serão mencionados alguns aspectos importantes das instalações de um CTI.

## 2.2.1 Instalações elétricas

Os quadros elétricos do CTI com os dispositivos de proteção devem estar localizados em local de fácil acesso, se possível no posto de enfermagem, e todos os profissionais de saúde devem estar treinados para saber operá-lo caso ocorra um curto-circuito no seu nível de competência (no mínimo, desligar o dispositivo).

No CTI, deve haver, no mínimo, 12 tomadas/leito,[6] e obrigatoriamente do Grupo 2 (NBR 13.534, ABNT, 2008), isto é, não devem ter interrupção de energia por mais de 0,5 segundo. Além disso, essas tomadas devem ser de 127 volts.[7] As tomadas de 227 volts[8] necessárias (para aparelho de raios X, por exemplo) não devem estar junto das tomadas dos leitos. Podem ser colocadas em qualquer lugar e em qualquer número, desde que a distância entre essas tomadas e o paciente não seja inferior a 15 m, na pior condição.

É importante salientar a necessidade de que em cada leito haja dois circuitos independentes e colocados de forma intercalada nas 12 tomadas que o atendem. Havendo dois circuitos por leito, será possível separar as tomadas que atendem os equipamentos conforme a configuração elétrica destes (por

---
[5] Conceituamos risco como a "probabilidade de um evento causar dano e sendo função da não conformidade e do potencial de dano" (Lopes Netto, 2003).
[6] Apesar de a legislação (RDC50, Anvisa, 2002) permitir, no mínimo, oito tomadas, esse número pode chegar até 16.
[7] Entendendo esta voltagem com a diferença de potencial entre fase e neutro (em alguns estados do Brasil é 227 volts).
[8] Entendendo esta voltagem com a diferença de potencial entre fase e fase (em alguns estados do Brasil é 380 volts).

exemplo, monitores em circuito separado das bombas de infusão). Além disso, havendo dois circuitos por leito, caso um destes falhe, haverá seis tomadas atendendo aquele leito.

Esses circuitos estarão ligados a um estabilizador *no break*, a um transformador isolador de, no máximo, 5 KVA e a um dispositivo sensorizado, que avisará qualquer falta para terra ou interrupção de energia. Portanto, em um CTI de dez leitos, teremos dois sistemas, também ligados nas 12 tomadas dos leitos de forma intercalada.

É importante frisar que, em todas as outras áreas do CTI, inclusive a iluminação deve ser do Grupo 1 (NBR 13.534, ABNT, 2008), isto é, não devem ficar mais de 15 segundos sem energia, estando ligadas sempre no gerador do EAS.

No CTI, não se recomenda nenhuma instalação do Grupo O, isto é, com mais que 15 segundos de interrupção de energia.

Cada leito do CTI deve ter iluminação com as seguintes finalidades:

- iluminação geral em posição que não incomode o paciente deitado;
- iluminação de cabeceira de leito de parede (arandela);
- iluminação de exame no leito com lâmpada fluorescente no teto e/ou arandela;
- iluminação de vigília nas paredes (a 50 cm do piso) inclusive banheiros.

Todos os disjuntores de proteção dos circuitos de um CTI devem ter dispositivos diferenciais-residuais (DR).

O sistema de proteção contra descargas atmosféricas do EAS, assim como o sistema de aterramento do CTI, deve estar conectado a todo o sistema de aterramento do EAS, de forma que se garanta a "equipotencialidade" das estruturas metálicas.

## 2.2.1.1 Orientações gerais para as instalações elétricas do EAS como um todo

O projeto, a execução e o gerenciamento das instalações elétricas podem prejudicar ou beneficiar o CTI.

O EAS deve ter, no mínimo, dois sistemas de transformadores; apenas um sistema deve atender a 100% do EAS. É essencial que esses geradores sejam isentos de óleo, para a diminuição do risco aos pacientes e aos profissionais de saúde. Esses sistemas de transformadores devem ser unificados por disjuntores *tie* e esses disjuntores devem ser do tipo "extraíveis".

As instalações elétricas de baixa tensão devem ter seu encaminhamento através de *shafts* na vertical e em leitos na horizontal sempre pela circulação. É muito importante que cada pavimento de um EAS tenha completa "estanqueidade" por andar, isto é, que cada andar tenha sua própria instalação, independente da de outro andar.

## 2.2.2 Instalações hidráulicas

Todas as instalações hidráulicas devem ter completa "estanqueidade" por andar, isto é, cada andar deve ter instalação independente da de outro andar, e ter seu encaminhamento através de *shafts* na vertical e em leitos (eletrocalhas) na horizontal sempre pela circulação.

Todas as pias do CTI devem ter dimensão de 50 x 40 x 30 cm, e as bancadas devem ser de aço inoxidável de ótima qualidade.

Todas as torneiras do CTI devem ser acionadas sem o uso das mãos (elétrica ou pedal) (NR-32, Brasil, 2005).

No salão de um CTI, deve existir, no mínimo, uma pia para lavagem de mãos para cada cinco leitos.

Aconselha-se que, no mínimo, 30% dos leitos tenham tubulação de esgoto e água para uso de máquinas de diálise para tratamento de pacientes renais crônicos.

É fundamental que os reservatórios de água potável que abastecem o CTI tenham duas células para permitir o uso de um enquanto o outro estiver interditado para reparos ou limpeza; esses reservatórios devem ter condições de abastecer o EAS por dois dias sem abastecimento de água potável pela concessionária.

A água que abastece o CTI deve atender à Portaria 518 do Ministério da Saúde.

## 2.2.3 Instalações sanitárias

Todas as instalações sanitárias devem ter completa "estanqueidade" por andar, isto é, cada andar deve ter instalação independente da de outro andar, e ter seu encaminhamento através de *shafts* na vertical e em leitos na horizontal sempre pela circulação.

Os resíduos líquidos do CTI devem ser encaminhados diretamente para a rede da concessionária, se houver, e, caso não haja rede da concessionária, deve ser encaminhada para uma fossa com sumidouro e filtro anaeróbico ou para Estação de Tratamento de Esgoto (ETE).

É proibida a colocação de ralos no salão do CTI, assim como no quarto de isolamento; nos sanitários e no banheiro de plantonistas, os ralos devem ter tampa com fechamento escamoteável.

## 2.2.4 Instalações de gases e vácuo

Cada leito do CTI e do quarto de isolamento deve ter:

- ponto de $O_2$: dois pontos (RDC-50, Anvisa, 2002);

- ponto de ar medicinal: dois pontos (RDC-50, Anvisa, 2002);
- pontos de vácuo: dois pontos (RDC-50, Anvisa, 2002, solicita um ponto).

É fundamental que as instalações de vácuo e de ar medicinal tenham dois sistemas de abastecimento para atender o EAS, e cada um desses sistemas deve ter a capacidade de suprir o EAS como um todo; portanto, um sistema é reserva do outro. Além disso, esses sistemas devem ser mantidos e testados diariamente.

A central de vácuo deve ser em local afastado da central de ar medicinal.

Sempre deverá ser estudado o uso de ar medicinal sintético, obtido com a mistura de $O_2$ com nitrogênio pela pureza obtida pelo ar medicinal.

Devem ser atendidas todas as condições para instalação das centrais de ar medicinal e vácuo prescritas na RDC-50, tomando-se *especial* cuidado com as restrições quanto ao ar captado.

## 2.2.5 Instalações de lógica e telefonia

Todas as instalações de lógica e telefonia devem ter completa "estanqueidade" por andar, isto é, cada andar deve ter instalação independente da de outro andar, e ter seu encaminhamento através de *shafts* na vertical e em leitos na horizontal sempre pela circulação.

O CTI deve ter, no mínimo, dois pontos de lógica e telefonia no posto de enfermagem, e um ponto de lógica e telefonia no quarto dos plantonistas.

## 2.2.6 Tratamento de ar

O tratamento de ar em um CTI deve atender às legislações listadas a seguir.

## 2.2.6.1 Projeto – NBR 7.256 (Referendada pela RDC-50)

### 2.2.6.1.1 Projeto de tratamento de ar de um CTI para o salão

- Nível de risco – 2.
- Controle dos agentes biológicos.
- Temperatura – 21 a 24 ºC.
- Umidade relativa – 40% a 60%.
- Vazão de ar exterior – 6 (m³/hora)/m².
- Vazão de ar total –18 (m³/hora)/m².
- Pressão positiva.
- Filtragem mínima de insuflamento – G3 + F7.
- Nível de ruído – 40 dB (A).

### 2.2.6.1.2 Projeto de tratamento de ar de um quarto para o isolamento com infecção transmitida pelo ar dentro de um salão de CTI (condições mínimas)

- Nível de risco – 3.
- Controle dos agentes biológicos.
- Temperatura – 21 a 24 ºC.
- Umidade relativa – 40% a 60%.
- Vazão de ar total –18 (m³/hora)/m².
- Pressão negativa.
- Filtragem mínima de insuflamento – G4.
- Nível de ruído – 40 dB (A).

### 2.2.6.1.3 O projeto de tratamento de ar de um quarto para internação de TMO e outros transplantados dentro de um salão de CTI (condições mínimas)

- Nível de risco – 3.
- Controle dos agentes biológicos.
- Temperatura – 21 a 24 ºC.
- Umidade relativa – 40% a 60%.
- Vazão de ar exterior – 6 (m³/hora)/m².
- Vazão de ar total – 38 (m³/hora)/m².
- Pressão positiva.
- Filtragem mínima de insuflamento – G3 + F7 + A3.
- Nível de ruído – 40 dB (A).

## 2.2.6.2 Manutenção do sistema de tratamento de ar – Portaria 3.523 (PMOC)

Devem ser seguidos completamente os requisitos da Portaria 3.523 quanto a: peças, limpeza e gerenciamento dos filtros.

## 2.2.6.3 Controle de contaminação – RE nº 9

Cuidados especiais devem ser tomados com os níveis de fungos (umidade) e com a renovação do ar necessária para o CTI.

*Conclusão*: este nível de controle do ar em um CTI obriga que os equipamentos necessários para o tratamento de ar sejam de expansão indireta, sendo completamente proibidos equipamentos do tipo individual ou do tipo *split*.

## 2.3 Considerações finais

Este trabalho não pretende encerrar a discussão sobre esse importante tema de uma organização de saúde; ao contrário, pretende fomentar o debate e estimular contribuições para que os pacientes que necessitarem de terapia intensiva possam sempre ter melhores condições físicas no ambiente no qual serão acolhidos.

## » Referências

Anvisa. *RDC nº 7*: Dispõe sobre os requisitos mínimos para funcionamento de Unidades de Terapia Intensiva. Brasília: Anvisa, 2010.

_____. *RDC nº 50*: Dispõe sobre o Regulamento Técnico para planejamento, programação, elaboração e avaliação de projetos físicos de estabelecimentos assistenciais de saúde. Brasília: Anvisa, 2002.

_____. *RDC nº 306*: Dispõe sobre o Regulamento Técnico para o gerenciamento de resíduos de serviços de saúde. Brasília: Anvisa, 2004.

_____. *RE nº 9*: Determinar a publicação de Orientação Técnica elaborada por Grupo Técnico Assessor, sobre Padrões Referenciais de Qualidade do Ar Interior, em ambientes climatizados artificialmente de uso público e coletivo. Brasília: Anvisa, 2004.

ABNT. *NBR 5.410*: Instalações elétricas de baixa tensão. Rio de Janeiro: ABNT, 2005.

_____. *NBR 5.419*: Proteção de estruturas contra descargas atmosféricas. Rio de Janeiro: ABNT, 2001.

_____. *NBR 7.256*: Tratamento de ar em estabelecimentos assistenciais de saúde (EAS) – Requisitos para projeto e execução das instalações. Rio de Janeiro: ABNT, 2005.

_____. *NBR 9.050*: Acessibilidade a edificações, mobiliário, espaços e equipamentos urbanos. Rio de Janeiro: ABNT, 2004.

ABNT. *NBR 12.188*: Sistemas centralizados de oxigênio, ar, óxido nitroso e vácuo para uso medicinal em estabelecimentos assistenciais de saúde. Rio de Janeiro: ABNT, 2001.

_____. *NBR 13.534*: Instalações elétricas em estabelecimentos assistenciais de saúde - Requisitos para segurança. Rio de Janeiro: ABNT, 2008.

_____. *NBR 13.587*: Estabelecimento assistencial de saúde - Concentrador de oxigênio para uso em sistema centralizado de oxigênio medicinal. Rio de Janeiro: ABNT, 1998.

BRASIL. Ministério da Saúde. *Portaria nº 518*: Estabelece os procedimentos e responsabilidades relativos ao controle e vigilância da qualidade da água para consumo humano e seu padrão de potabilidade. Brasília: MS, 2004.

_____. *Portaria nº 3.523/GM*: Aprovar Regulamento Técnico contendo medidas básicas referentes aos procedimentos de verificação visual do estado de limpeza, remoção de sujidades por métodos físicos e manutenção do estado de integridade e eficiência de todos os componentes dos sistemas de climatização, para garantir a Qualidade do Ar de Interiores e prevenção de riscos à saúde dos ocupantes de ambientes climatizados. Brasília: MS, 1998.

_____. Ministério do Trabalho e Emprego. *Portaria 485-NR32*: Estabelece as diretrizes básicas para a implementação de medidas de proteção à segurança e à saúde dos trabalhadores dos serviços de saúde, bem como daqueles que exercem atividades de promoção e assistência à saúde em geral. Brasília: MTE, 2005.

LOPES NETTO, A. Conceituação de Risco. *Revista CIPA*, São Paulo, n. 288, 2003.

# 3

# Bases para o cuidado de enfermagem na assistência ao cliente de alta complexidade na UTI

》》 *Virginia Fernanda Januário*

## 3.1 Recepção do cliente em situação de alta complexidade na unidade de terapia intensiva: planejamento e implementação da assistência de enfermagem

As responsabilidades da equipe de enfermagem no atendimento ao paciente de alta complexidade na unidade de terapia intensiva (UTI) iniciam-se com o planejamento do ambiente e dos procedimentos a serem executados desde sua admissão.

A indicação de internação na UTI é determinada pelo conhecimento das condições clínicas do paciente, partindo de seu atendimento prévio, seja no meio intra ou no extra-hospitalar. De maneira geral, os encaminhamentos se dão nos setores de emergência, onde são dados os primeiros suportes de vida com vistas à estabilização do quadro dos indivíduos atendidos.

No entanto, uma preocupação em nível mundial diz respeito ao número insuficiente de leitos de UTI para atender à demanda da população, razão pela qual o atendimento aos pacientes gravemente enfermos tem se estendido para além do espaço das UTIs.

A insuficiência de leitos impõe a necessidade de priorizar casos no momento de tornar disponíveis as vagas da unidade. Nesse sentido, para auxiliar as equipes de saúde na seleção de pacientes que, de fato, necessitam de suporte intensivo, considerando também as relações custo/benefício do tratamento proposto, foram estabelecidos critérios baseados em três modelos distintos e apresentados a seguir.

Modelos de internação em UTI (Society of Critical Care Medicine, 1999):

- *Por prioridade*: definição de que pacientes irão se beneficiar mais dos cuidados intensivos em detrimento de outros que não se beneficiariam.
- *Por diagnóstico*: condições ou diagnósticos que determinam admissão em UTI.
- *Por parâmetros objetivos*: sinais ou exames objetivos definidos por especialistas ou comissões hospitalares.

A seguir, descreve-se o "Modelo por prioridade", cuja intenção é facilitar a decisão sobre que pacientes internar em momentos nos quais a redução de leitos é uma realidade.

*Prioridade 1*

Pacientes em estado crítico, instáveis, que necessitam de tratamento intensivo e monitoração que não possam ser obtidos fora da UTI. Entre esses tratamentos, estão incluídos: suporte ventilatório; infusão contínua de drogas vasoativas; entre outros. Para os pacientes em prioridade 1, em geral, não há limites estabelecidos acerca da terapêutica recebida.

São exemplos pacientes em pós-operatório ou com insuficiência respiratória aguda, que necessitam de suporte ventilatório mecânico; pacientes em estados de choque ou instáveis hemodinamicamente, sob monitoração invasiva e/ou uso de drogas vasoativas.

*Prioridade 2*

Pacientes que requerem monitoração intensiva e podem, potencialmente, necessitar de intervenção imediata. Não são estabelecidos limites terapêuticos para esses pacientes.

São exemplos os pacientes com comorbidades crônicas e que desenvolvem doença aguda e crítica de natureza clínica ou cirúrgica.

*Prioridade 3*

São os pacientes instáveis, criticamente doentes, mas que têm reduzida chance de recuperação devido à doença terminal ou pela natureza aguda da doença. Pacientes em prioridade 3 podem receber tratamento intensivo para estabilizar o quadro agudo apresentado, mas limites de esforço terapêutico podem ser definidos, como a não entubação ou a reanimação cardiopulmonar.

São exemplos pacientes com doença maligna metastática complicada por infecção, tamponamento cardíaco ou obstrução de vias aéreas.

*Prioridade 4*

São os pacientes que, em geral, estão sem indicação objetiva para admissão na UTI. A internação destes pacientes será determinada por bases individuais, sob circunstâncias extraordinárias, a critério do coordenador da UTI.

Eles podem ser alocados nas seguintes categorias:

- Pouco ou nenhum benefício esperado do atendimento na UTI com base no baixo risco de necessidade de intervenção ativa, que poderia não ser feita de forma segura fora da UTI. Exemplos incluem pacientes com cirurgia vascular periférica, cetoacidose diabética hemodinamicamente estável, insuficiência cardíaca congestiva leve, que sofreram overdose de drogas, mas estão conscientes etc.

- Pacientes com doença terminal irreversível, diante da morte iminente (muito doentes para se beneficiarem dos cuidados na UTI). Por exemplo: lesões cerebrais graves e irreversíveis, falência de múltiplos órgãos, câncer metastático que não responde à quimioterapia e/ou à radioterapia (a menos que o paciente esteja em um protocolo de tratamento específico), pacientes com capacidade de tomada de decisão que abrem mão de cuidados intensivos e/ou de monitoração invasiva, mas desejam receber apenas cuidados de conforto, morte cerebral em não doadores de órgãos, pacientes em estado vegetativo persistente ou que estão permanentemente inconscientes etc.

Dessa maneira, ao ter notícia da chegada de um novo paciente na UTI, inicia-se a mobilização da equipe de enfermagem para recebê-lo com toda a estrutura necessária a seu atendimento.

Entre as atividades iniciais, sob a responsabilidade do enfermeiro, estão incluídas:

A. Informações sobre a procedência e a situação clínica do paciente no momento da abordagem inicial.

- Qual o motivo do atendimento inicial?
- Quais foram o local e as condições do atendimento prévio à solicitação de vaga na UTI?
- Qual a hipótese diagnóstica?

B. Informações acerca das atuais condições do paciente.

- Qual a classificação do paciente em termos da indicação de sua internação?
- Qual é seu nível de consciência?

- Que procedimentos foram adotados?
- Que aparatos tecnológicos foram instalados? (tubos, sondas, cateteres etc.)

Com base nessas informações, o enfermeiro poderá estabelecer com sua equipe e a equipe de saúde o plano inicial para a recepção do paciente na UTI. Esse passo envolverá:

C. Preparo da equipe.

A equipe deve ser notificada sobre a solicitação da vaga, tomar conhecimento das informações obtidas sobre o paciente a ser recebido e conhecer o plano inicial de assistência.

D. Preparo da unidade.

O leito destinado deve ser adequadamente preparado. Os recursos necessários para a execução de procedimentos e cuidados devem ser organizados de acordo com as necessidades do paciente, com base nas informações obtidas inicialmente. A equipe considerará também a proposta terapêutica, após o contato com a equipe de saúde da UTI.

O planejamento, nesse sentido, visa à economia de tempo e de energia por parte da equipe (pois, quando não há planejamento adequado, é comum a necessidade de ir e vir, por diversas vezes, para obtenção ou preparo de materiais e equipamentos que já deveriam estar à beira do leito), assim como à efetividade do cuidado com o paciente, que, por sua condição de extrema gravidade, precisará que a movimentação da equipe seja rápida e precisa.

E. Registros de internação.

Cada instituição tem modelos próprios de instrumentos usados para registro. No entanto, no momento da admissão do paciente, alguns são comumente encontrados e devem ser previamente separados e organizados para a composição do prontuário do paciente. São elementos importantes, em que constarão todas as ocorrências e intercorrências durante o período de internação do paciente na unidade.

O prontuário constitui documento indispensável para análise da evolução de casos, servindo como fonte de pesquisa, de avaliação de condutas terapêuticas, de auditorias, além de ser um instrumento legal para a investigação de condutas inapropriadas por parte dos profissionais de saúde.

Estão entre os instrumentos básicos para registros: o histórico do paciente, a folha de evolução, a ficha de controle do balanço hídrico, os instrumentos para sistematização da assistência de enfermagem e a folha de prescrição médica.

## 3.2 Avaliação inicial do paciente em situação de alta complexidade

### 3.2.1 O método clínico de investigação em saúde

O método clínico de investigação de desvios da saúde foi sistematizado inicialmente por Hipócrates, em 450 a.C. (Porto, 1999). Tal sistematização inclui a *anamnese* (do grego, *aná* = "trazer de volta", e *mnese* = "memória") como forma de destacar, mediante o relato do cliente, informações importantes que gerem suspeitas diagnósticas, direcionem a execução do *exame físico* e orientem a solicitação dos *exames complementares*. Dessa forma, esses três componentes são até hoje considerados indispensáveis para uma adequada conduta terapêutica e, no caso dos enfermeiros, para um adequado planejamento do cuidado.

Para o enfermeiro, a anamnese, o exame físico e a avaliação de exames complementares estão incluídos na primeira fase do processo de enfermagem (Quadro 3.1), denominada abordagem inicial ou histórico de enfermagem, que permite a reunião de informações acerca das condições gerais e específicas que envolvem o estado de saúde do paciente (Potter e Perry, 2005).

Quadro 3.1 – Resumo do processo de enfermagem de cinco etapas

| Componentes | Propósitos | Ações principais |
| --- | --- | --- |
| Histórico | Reunir, verificar e comunicar os dados. | Obtenção da história. Realização do exame físico. Verificação de exames complementares. |
| Diagnóstico de enfermagem | Identificar as necessidades do cliente. | Interpretação dos dados. Formulação de diagnósticos de enfermagem. |
| Prescrição | Priorizar a assistência. Projetar estratégias de ação. Projetar resultados a serem alcançados. | Identificação de objetivos para o cliente. Seleção das ações de enfermagem. Preparo do plano de assistência de enfermagem. Delegação de ações. |
| Implementação | Executar o plano assistencial. Acompanhar a evolução do cliente. | Execução das ações estabelecidas. Reavaliação do cliente. Revisão do plano de assistência. |
| Evolução | Determinar se houve alcance dos objetivos. | Estabelecimento dos critérios de avaliação. Comparação da resposta do cliente aos critérios. Análise das razões para os resultados apresentados. Modificação do plano de assistência. |

Fonte: adaptado de Potter e Perry (2005).

## 3.2.2 Anamnese

No caso dos pacientes que, na ocasião de sua admissão na UTI, não são capazes de fornecer informações sobre sua história pregressa e atual de saúde/doença, será preciso recorrer a informações prestadas por terceiros (pessoas da família ou que tenham presenciado o evento prévio à internação). A análise de exames e receituários preexistentes também pode auxiliar na coleta de dados.

### 3.2.3 Exame físico

A realização do exame físico tem sido um desafio para a enfermagem. Para interpretar os achados, é necessário embasamento científico nas áreas de anatomia, fisiologia, fisiopatologia, entre outras. Devem ser conhecidos os padrões de normalidade estabelecidos para o corpo humano, para que seja possível compreender os processos alterados nos diversos desvios de saúde. Além disso, para fazer uma avaliação física adequada, é necessário dispor de tempo e de condições ambientais adequadas.

O exame físico envolve o emprego dos chamados métodos semiotécnicos: inspeção, palpação, percussão e ausculta. Potter e Perry (2005) consideram também o sentido do olfato mais uma técnica empregada na observação de anormalidades.

Esses métodos são empregados na avaliação dos sistemas corporais e dos sinais vitais. Além desses, no entanto, tecnologias acessórias são empregadas para uma avaliação mais completa.

### 3.2.3.1 Inspeção

O método da inspeção corresponde à exploração da superfície corpórea e das partes acessíveis das cavidades em contato com o exterior, usando-se o sentido da visão. Pode ser feita de forma panorâmica ou localizada, frontal ou tangencial e com o uso de lupas ou a olho nu, de acordo com o que se quer avaliar (Porto,1999).

Mediante esse método, é possível obter informações relativas à aparência, à coloração da pele, ao tipo corporal, ao estado nutricional, ao comportamento e às posturas assumidas pelo cliente no momento do exame.

É importante lembrar que, para a execução correta da inspeção, deve-se:

- dispor de iluminação adequada;
- descobrir a área a ser examinada;
- ter conhecimento sobre o padrão de normalidade das estruturas observadas.

### 3.2.3.2 Palpação

Este método reúne dados por meio do tato e/ou da pressão exercida pelas mãos do examinador. Assim, pode-se obter informações precisas sobre as partes mais superficiais ou profundas das estruturas a serem avaliadas. O objetivo é buscar possíveis modificações relativas à textura, ao volume, à espessura, à consistência, à sensibilidade, ao volume, à dureza, à flutuação e à elasticidade.

### 3.2.3.3 Percussão

Corresponde à detecção das vibrações obtidas pelo golpeamento direcionado a um determinado ponto do organismo. Na percussão dígito-digital – a mais utilizada para a maioria das estruturas corporais avaliadas –, a superfície dorsal da segunda falange da mão esquerda (plexímetro) é golpeada pela borda ungueal do dedo médio da mão direita (plexor).

Cada estrutura anatômica percutida tem características próprias quanto à intensidade, ao timbre e à tonalidade:

- *Som maciço*: encontrado em regiões desprovidas de ar, como fígado, baço e coxa. Acompanha a sensação de dureza ou de resistência.
- *Som timpânico*: encontrado em áreas que contêm ar, como intestinos e traube.

- *Som claro pulmonar*: som obtido quando se percute um tórax normal. Sua obtenção depende da presença de ar dentro dos alvéolos e das demais estruturas pulmonares.

### 3.2.3.4 Ausculta

Corresponde à detecção de ruídos produzidos pelo corpo pelo sentido da audição, intermediada pelo uso do estetoscópio (do grego *stethos* = peito, e *scopein* = examinador), instrumento introduzido na prática clínica por Laennec na metade do século XIX. Até então, a ausculta era "imediata", feita pela aplicação direta da orelha ao corpo.

O estetoscópio, deve ser posicionado contra a pele nua, já que roupas ou lençóis abafam os sons. A ausculta deve ser feita em local silencioso para que os sons e suas características sejam distinguidos.

Com este método, é possível perceber alterações do padrão de ruídos conhecidos, sobretudo nos sistemas cardiovascular, respiratório e digestório. Deve ser o último método empregado, com o objetivo de complementar as informações extraídas anteriormente. Exceção é o sistema digestório, em que deve ser o primeiro método adotado, já que a manipulação gerada pela palpação e pela percussão poderá alterar os movimentos peristálticos.

### 3.2.3.5 Olfato

Ajuda na detecção de anormalidades que não podem ser identificadas por outros métodos. O enfermeiro deve estar familiarizado com a natureza, a característica e a origem dos odores corpóreos. Em caso de o cliente apresentar áreas encobertas por bandagens ou gesso, um possível sinal de infecção pode ser detectado por meio desse sentido.

## 3.3 Preparo para o exame físico

Envolve o preparo do cliente, do ambiente e dos equipamentos necessários aos procedimentos, e visa garantir o máximo de segurança e conforto ao indivíduo, bem como evitar interrupções desnecessárias durante o curso do exame.

### 3.3.1 Controle de infecções

Envolve o uso de precaução padrão em todos os casos, durante todo o exame, em especial se o cliente apresenta feridas abertas ou história de doenças transmissíveis por contato. Precauções específicas devem ser empregadas de acordo com o histórico do cliente e suspeitas diagnósticas. A lavagem das mãos deve ser feita, incondicionalmente, antes e após a realização do exame.

### 3.3.2 Ambiente

A iluminação adequada e a eliminação ou a redução máxima de ruídos devem ser garantidas, pois irão interferir diretamente na aquisição correta das informações. A privacidade do cliente deve ser mantida. No caso das unidades de alta complexidade, o uso de biombos ou cortinas é imprescindível.

Outra preocupação do enfermeiro deve ser com a segurança do paciente. Podem ocorrer quedas da maca ou da cama em casos de indivíduos idosos ou em estado de confusão mental, caso não haja adequada vigilância. O conforto deve ser mantido dentro das possibilidades do local destinado ao exame. O cliente em posição supina deve ser mantido com cabeceira elevada a 30º. Deve ser observada também a temperatura ambiente para que não haja exposição ao calor ou ao frio excessivos.

### 3.3.3 Equipamento

Deve estar devidamente limpo, disposto de forma organizada e acessível para seu uso. De acordo com o instrumento a ser empregado, deve-se providenciar seu aquecimento prévio para que não cause desconforto ao paciente. Além disso, precisa ter seu funcionamento testado previamente.

### 3.3.4 Preparo físico do cliente

É necessário promover o conforto do cliente por meio do bom posicionamento no leito. Durante o exame, as áreas do corpo que não estiverem sendo examinadas devem permanecer protegidas. Bexiga e intestino vazios facilitam a execução do exame abdominal. Alterações na expressão facial devem ser observadas no caso de cliente impossibilitado de se comunicar verbalmente.

### 3.3.5 Preparo psicológico do cliente

O procedimento executado deve ser comunicado mesmo que, aparentemente, o paciente não tenha condições de compreender as informações dadas. Isso porque, em primeira mão, e na maioria das vezes, não é possível definir sua condição sensitiva ou cognitiva. Os termos usados deverão ser simples a fim de permitir compreensão e obter colaboração por parte do cliente.

Durante todo o tempo devem-se observar suas expressões emocionais e, se houver necessidade, o exame poderá ser interrompido, pois o toque no corpo por parte de outra pessoa pode causar tensão e ansiedade.

## 3.4 Exame físico do paciente grave

A avaliação do paciente criticamente doente pelo enfermeiro deve ser feita no sentido cefalocaudal, observando-se as alterações evidentes em cada sistema. Considerando-se a necessidade de manutenção da estabilidade oxi-hemodinâmica, atenção especial é dada aos sistemas neurológico, respiratório, cardiovascular e respiratório. No entanto, para o enfermeiro, a avaliação cuidadosa da pele, das mucosas e do sistema digestório são igualmente importantes.

## 3.5 Exame do sistema tegumentar

### 3.5.1 Exame físico da pele e anexos

O exame geral da pele ou tegumento é particularmente importante. Dada a abrangência de suas funções, é durante este exame, eminentemente visual e tátil, que várias condições patológicas ou de risco são identificadas.

No paciente crítico, certamente o maior risco cutâneo é referente à predisposição ao desenvolvimento das úlceras, quer por pressão, por umidade ou por lesões mistas.

Entre as medidas amplamente adotadas para a sistematização da avaliação de risco, o uso de escalas preditivas é essencial, entre as quais a escala de Braden (Quadro 3.2) tem papel de destaque por sua praticidade e efetividade.

Essa escala é composta de seis subescalas com uma pontuação atribuída a essas variáveis, em que a nota máxima é 23 pontos e a nota mínima é 6. Considera-se que abaixo de 12 pontos o paciente apresenta maior risco de desenvolver úlceras por pressão/umidade.

Quadro 3.2 – Escala de Braden

| Paciente: | | Prontuário: | Leito: |
|---|---|---|---|
| | 1 ponto | 2 pontos | 3 pontos | 4 pontos |
| Percepção sensorial: habilidade de responder significativamente à pressão relacionada com o desconforto. | Completamente limitado: não responde a estímulo doloroso (não geme, não se esquiva ou se agarra), devido à diminuição do nível de consciência ou sedação, ou devido à limitação da habilidade de sentir dor na maior parte da superfície corporal. | Muito limitado: responde somente a estímulos dolorosos. Não consegue comunicar desconforto, a não ser por gemidos ou inquietação, ou tem um problema sensorial que limita a habilidade de sentir dor ou desconforto em mais da metade do corpo. | Levemente limitado: responde aos comandos verbais, porém nem sempre consegue comunicar o desconforto ou a necessidade de ser mudado de posição, ou tem algum problema sensorial que limita sua capacidade de sentir dor ou desconforto em uma ou duas extremidades. | Nenhuma limitação: responde aos comandos verbais. Não tem problemas sensoriais que poderiam limitar a capacidade de sentir ou verbalizar dor ou desconforto. |
| Umidade: grau ao qual a pele está exposta à umidade. | Constantemente úmida: a pele é mantida úmida/molhada quase constantemente por suor, urina etc. A umidade é percebida cada vez que o paciente é movimentado ou posicionado. | Muito úmida: a pele está muitas vezes, mas nem sempre, úmida/molhada. A roupa de cama precisa ser trocada pelo menos uma vez durante o plantão. | Ocasionalmente úmida: durante o dia a pele está ocasionalmente úmida/molhada, precisando de uma troca de roupa de cama só é trocada uma vez por dia, aproximadamente. | Raramente úmida: a pele em geral está seca; a roupa de cama só é trocada nos horários de rotina. |
| Atividade física: grau de atividade física. | Acamado: mantém-se sempre no leito. | Restrito à cadeira: a habilidade de caminhar está severamente limitada ou inexistente. Não aguenta o próprio peso e/ou precisa ser ajudado para sentar-se na cadeira ou na cadeira de rodas. | Caminha ocasionalmente: caminha ocasionalmente durante o dia, mas por distâncias bem curtas, com ou sem assistência. Passa a maior parte do tempo na cama ou na cadeira. | Caminha frequentemente: caminha fora do quarto pelo menos duas vezes por dia e dentro do quarto pelo menos a cada duas horas durante o período em que está acordado. |

Continua

Continuação

| | 1 ponto | 2 pontos | 3 pontos | 4 pontos |
|---|---|---|---|---|
| *Mobilidade*: habilidade de mudar e controlar as posições corporais | *Completamente imobilizado*: não faz nenhum movimento do corpo, por menor que seja, ou das extremidades sem ajuda. | *Muito limitado*: faz pequenas mudanças ocasionais na posição do corpo ou das extremidades, mas é incapaz de fazer mudança frequentes ou significativas sem ajuda. | *Levemente limitado*: faz mudanças frequentes, embora pequenas, na posição do corpo ou das extremidades, sem ajuda. | *Nenhuma limitação*: faz mudanças grandes e frequentes na posição sem assistência. |
| *Nutrição*: padrão usual de ingestão alimentar | *Muito pobre*: nunca come toda a refeição. É raro quando come mais de um terço de qualquer alimento oferecido. Come duas porções ou menos de proteína (carne ou derivados do leite) por dia. Toma pouco líquido. Não toma nenhum suplemento dietético líquido. Está em jejum ou mantido em dieta de líquidos claros ou hidratação EV por mais de cinco dias. | *Provavelmente inadequado*: raramente faz uma refeição completa e em geral come apenas metade de qualquer alimento oferecido. A ingestão de proteína inclui só três porções de carne ou de derivados de leite. De vez em quando, toma um suplemento alimentar, ou recebe menos do que a quantidade ideal de dieta líquida ou alimentação por sonda. | *Adequado*: come mais da metade da maior parte das refeições. Ingere um total de quatro porções de proteína (carne, derivados do leite) por dia. Ocasionalmente recusa uma refeição, mas em geral irá tomar um suplemento dietético oferecido, ou está recebendo dieta por sonda ou nutrição parenteral total, que provavelmente atende à maior parte de suas necessidades nutricionais | *Excelente*: come a maior parte de cada refeição. Nunca recusa a alimentação. Come, em geral, um total de quatro ou mais porções de carne e derivados de leite. De vez em quando, come entre as refeições. Não necessita de suplemento alimentar. |
| *Fricção e cisalhamento* | *Problema*: necessita de assistência moderada ou máxima para mover-se. É impossível levantar-se completamente sem esfregar-se contra os lençóis. Escorrega frequentemente na cama ou na cadeira, necessitando de assistência máxima para frequente reposição do corpo. Espasmos e contrações levam à fricção constante. | *Potencial para problema*: movimenta-se livremente ou necessita de assistência mínima. Durante o movimento, a pele provavelmente esfrega-se em alguma extensão contra lençóis, cadeiras, ou restrições ou outros equipamentos. A maior parte do tempo mantém relativamente boa posição na cadeira ou na cama, mas de vez em quando escorrega para baixo. | *Nenhum problema aparente*: movimenta-se independentemente na cama ou na cadeira e tem força muscular suficiente para levantar o corpo completamente durante o movimento. Mantém o tempo todo boa posição na cama ou na cadeira. | |

Total de pontos

## 3.5.2 Propedêutica da pele

A pele apresenta diversas características que devem ser atentamente observadas. A ordem de seu exame segue um roteiro tradicional que consiste em:

- inspeção (sempre em ambiente bem iluminado);
- palpação (por meio de pinçamento digital);
- compressão (permite confirmar a presença de edema).

Alterações na pele indicam barreira cutânea danificada e podem apontar distúrbios sistêmicos. Essas informações subsidiam a assistência.

Quadro 3.3 – Exame da pele

| Aspectos | Achados |
|---|---|
| Textura | Queratose, edema, infiltração |
| Umidade | Hiperidrose, hipoidrose/anidrose |
| Coloração | Cianose (central/periférica), icterícia, palidez, vermelhidão, albinismo |
| Turgor (indica estado de hidratação da pele) | Edema, desidratação. |
| Mobilidade (capacidade de se movimentar sobre os planos subjacentes) | Mobilidade diminuída (risco de lesões) |
| Temperatura (comparar lado homólogo de cada segmento examinado) | Hipotermia/hipertermia (localizada, generalizada, segmentar) |
| Lesões (sólidas ou líquidas: verificar distribuição das lesões e sua morfologia) | Manchas, máculas, queloide, cicatriz, vesículas, pústulas, abscesso, fissuras, úlceras, hematomas, tumores |
| Sensibilidade | Prurido (pesquisar causa) |

Cabelos e unhas também devem ser examinados:

- *Cabelos*: tipo de implantação, distribuição, perda/alopecia (difusa ou em placas), quebradiço.

- *Unhas*: implantação, coloração, presença de baqueteamento dos dedos, onicomicose ou onicofagia.

Considerar que todas as alterações identificadas na pele ou em seus anexos devem ser analisadas quanto à sua causa e propostas medidas padronizadas de tratamento.

## 3.6 Exame do sistema nervoso central

### 3.6.1 Avaliação do estado mental

- Observação passiva do paciente.
- Uso de estímulos sonoros para avaliar grau de vigília.
- Uso de estímulo doloroso mínimo, se necessário.

### 3.6.2 Avaliação do padrão respiratório

- Apneia.
- *Cheyne-stokes*: os movimentos respiratórios aumentam paulatinamente de amplitude, atingindo um máximo após o qual a amplitude dos movimentos diminui até a apneia.
- *Hiperventilação*: em geral, em mecanismos compensatórios de acidose metabólica.
- *Apnêutica*: com fase inspiratória prolongada e seguida de apneia.
- *Atáxica*: ritmo irregular, alternando respiração profunda e superficial com períodos de apneia.

### 3.6.3 Avaliação das pupilas

Nos pacientes com lesão cerebral, deverá ser feita a cada hora ou em intervalos menores. A assimetria pupilar ou ausência de resposta à luz pode indicar lesão de mesencéfalo ou tronco cerebral. Devem ser avaliados:

- tamanho;
- reatividade à luz (reflexo fotomotor direto e consensual);
- simetria.

### 3.6.4 Motricidade ocular

#### 3.6.4.1 Observação passiva

Desvio conjugado do olhar horizontal/vertical/alternante.
*Bobbing* ocular: movimento rápido dos olhos, em geral conjugado e para baixo com retorno lento à posição média.

#### 3.6.4.2 Manobras para avaliação

##### 3.6.4.2.1 Reflexo corneopalpebral

Teste com estímulo no quadrante inferior externo da córnea. Na resposta normal, espera-se resposta consensual, com o fechamento palpebral bilateral. A ausência do piscar sugere mais frequentemente uma lesão do quinto par craniano.

### 3.6.4.2.2 Reflexo oculocefálico

Teste conhecido como "olhos de boneca". Avalia a ponte e o mesencéfalo. São feitos movimentos com a cabeça nos sentidos vertical e horizontal. Nos pacientes em coma com o tronco cerebral intacto, ocorrem movimentos conjugados dos olhos em direção contrária ao movimento feito.

### 3.6.4.2.3 Teste oculovestibular

Provas calóricas a partir da instilação de água fria no canal auditivo. Com a cabeça elevada a 30º, após a verificação da integridade do tímpano e a limpeza do canal auditivo, é instilada água e são observados os movimentos oculares que, no paciente comatoso, acontecem com o desvio dos olhos para o lado estimulado após nistagmo contralateral.

## 3.7 Exame motor

### 3.7.1 Observação de posturas anormais espontâneas

- *Decorticação*: mostram-se com a flexão dos braços, dos punhos e dos dedos, bem como com a adução do membro superior e a extensão do inferior. Podem caracterizar lesões no mesencéfalo.

- *Descerebração*: postura com os braços estendidos e rígidos, aduzidos e hiperpronados, e os membros inferiores estendidos.
- *Opistótono*: em razão de espasmo acentuado dos músculos da nuca e do dorso o corpo, assume uma posição arqueada apoiada pelos calcanhares e pela cabeça.
- Mioclonias espontâneas ou reflexas.

A *Escala de Coma de Glasgow* (ECG) é utilizada para monitorar a avaliação do comprometimento da consciência, principalmente nos casos de trauma neurológico. Avalia a capacidade de abertura dos olhos, a melhor resposta motora e a melhor resposta verbal. Ao término do exame, o escore final varia entre 3 e 15 pontos. O somatório inferior a 8 pontos indica gravidade neurológica, que pode indicar a necessidade de suporte ventilatório, chegando à entubação de vias aéreas.

Tabela 3.1 – Escala de Coma de Glasgow

| Parâmetro | Resposta | Pontuação |
| --- | --- | --- |
| Abertura dos olhos | Ausente | 1 |
| | À dor | 2 |
| | À voz | 3 |
| | Espontânea | 4 |
| Melhor resposta motora | Ausente | 1 |
| | Extensão anormal | 2 |
| | Flexão anormal | 3 |
| | Flexão normal | 4 |
| | Localiza dor | 5 |
| | Segue comando | 6 |
| Melhor resposta verbal | Ausente | 1 |
| | Palavras incompreensíveis | 2 |
| | Palavras isoladas | 3 |
| | Confuso | 4 |
| | Orientado | 5 |

A *Escala de Ramsay* permite acompanhar o nível de sedação do paciente crítico e ajustar a dose do sedativo.

Tabela 3.2 – Escala de avaliação da sedação (Escala de Ramsay)

| Consciência | Ramsay | Característica |
|---|---|---|
| Paciente desperto | Ramsay 1 | Cliente ansioso, agitado |
| | Ramsay 2 | Cliente cooperativo, orientado, tranquilo |
| | Ramsay 3 | Cliente responde somente ordens |
| Paciente adormecido | Ramsay 4 | Cliente dorme, resposta imediata com estímulo (bater na testa) |
| | Ramsay 5 | Cliente dorme, resposta lenta com estímulo |
| | Ramsay 6 | Sem resposta |

# 3.8 Exame do sistema respiratório

As avaliações devem ser orientadas pelos relatos anteriores à internação, pelos procedimentos executados e de acordo com a evolução clínica do paciente no processo de internação. Subsequentemente, será adequado para o acompanhamento diário da evolução do paciente, com o objetivo de implementar os cuidados de enfermagem.

Possíveis queixas relacionadas a alterações do sistema respiratório:

- dor torácica;
- tosse;
- expectoração;
- hemoptoicos (eliminação de escarro com sangue);
- febre;
- falta de ar.

A avaliação será feita partindo-se da ectoscopia, quando o enfermeiro irá observar o paciente panoramicamente, observando desde as alterações de coloração da pele até seu padrão respiratório geral. Posteriormente, deverá analisar cada estrutura envolvida com a respiração.

- *Narinas*: serão avaliadas com vistas a identificar presença de edema, lesões e assimetria, além de sangramentos e secreções.
- *Seios frontal e maxilar*: a dor será o principal elemento a ser avaliado.
- *Orofaringe*: deve-se verificar sua permeabilidade, assim como a ocorrência de assimetria, ulcerações ou aumento das amígdalas.
- *Pescoço*: verifica-se a posição da traqueia e os elementos de interesse serão a ocorrência de seu desvio da linha média, protuberâncias ou deformidades. Avalia-se, ainda, a presença de linfonodos cervicais aumentados e dolorosos.
- *Exame do tórax:* objetiva o estudo das mamas, das vias aéreas inferiores, do mediastino e do coração. Para essa análise, é imperativo que o enfermeiro reconheça os pontos anatômicos que servirão de referência para uma avaliação adequada:
    - costelas;
    - espaços intercostais;
    - ângulo de Louis;
    - clavículas;
    - ângulo de Charpy.
- *Inspeção*: por meio desse método semiotécnico, o tórax será avaliado do ponto de vista estático e dinâmico.
- *Avaliação estática*: serão analisadas, principalmente, a forma do tórax e as alterações referentes à coluna vertebral.
- *Forma do tórax*:
    - tórax em tonel;

- tórax infundibuliforme;
- tórax de pombo.
- *Alterações da coluna vertebral*:
  - lordose;
  - cifose;
  - escoliose.
- *Avaliação dinâmica*: será analisado o tórax em movimento durante todo o ciclo respiratório, o que indicará a efetividade da ventilação pulmonar.
- *Abaulamentos e depressões*: indicam lesões que aumentam ou reduzem uma estrutura da parede ou de órgãos intratorácicos. Os abaulamentos estarão presentes nos casos de aneurismas, tumores e hipertrofias do ventrículo direito (VD). Já as depressões são encontradas em pacientes com atelectasias ou lesões fibróticas do pulmão.
- *Tipos de respiração*: além das dispneias, presentes nas situações em que o paciente poderá evoluir para insuficiência respiratória, as seguintes alterações dinâmicas do padrão respiratório podem ser encontradas:
  - *Cheyne-Stokes*: encontrada em casos de insuficiência cardíaca congestiva (ICC) grave, acidente vascular encefálico (AVE), trauma cranioencefálico (TCE) e nas intoxicações por morfina.
  - *Biot*: presente em casos de meningites, neoplasias e lesões do centro respiratório.
  - *Kussmaul*: ocorre na cetoacidose diabética e na uremia por insuficiência renal.
- *Tiragem*: depressão dos espaços intercostais causada por obstáculo que dificulta ou impede a penetração de ar nas vias aéreas. Pode ocorrer na oclusão brônquica ou traqueal por presença de corpo estranho, neoplasias (por exemplo: tumores mediastinais).

- *Expansibilidade pulmonar*: identificada mediante inspeção e palpação. É um método simples para identificar se há distribuição bilateral de ar nos pulmões. Por meio da inspeção, observa-se se há elevação torácica de mesmo nível no hemitórax direito e no esquerdo. A palpação permitirá a complementação desta informação pela identificação do frêmito tóraco vocal e tem como objetivos:
  - identificação de áreas hipersensíveis;
  - avaliação das anormalidades observadas;
  - avaliação adicional da expansão respiratória;
  - avaliação do frêmito tátil.
- *Frêmito toracovocal*: são vibrações percebidas na parede do tórax, pela mão do examinador, quando o paciente emite algum som. O elemento de interesse é a intensidade do frêmito, que pode sofrer alterações. O aumento do frêmito indica consolidação de uma área pulmonar, como ocorre na pneumonia e no infarto pulmonar. O desaparecimento do frêmito pode indicar a ocorrência de derrame pleural, atelectasia, enfisema pulmonar ou pneumotórax.
- *Percussão do tórax*: mediante a percussão, as áreas pulmonares devem exibir um som que é específico, não encontrado em qualquer outra estrutura do organismo humano, o som claro pulmonar. No entanto, há alterações nos diversos estados patológicos possíveis. As principais alterações percebidas com o uso deste método são:
  - *Hipersonoridade*: nota mais clara e mais intensa que ocorre nos casos de enfisema pulmonar.
  - *Macicez*: traduz redução da sonoridade pulmonar. Encontrada nos casos de derrame pleural e nas condensações exibidas nos quadros de pneumonias.

- *Timpanismo*: indica ar aprisionado no espaço pleural ou uma grande cavidade intrapulmonar. Ocorre em casos de pneumotórax.

## 3.8.1 Ausculta do tórax

Na área pulmonar, os ruídos normais são denominados *murmúrios vesiculares*. No entanto, diversas alterações patológicas podem gerar os sons conhecidos como *ruídos adventícios*. Estão entre os principais:

- *Estertores*: audíveis na inspiração ou na expiração, sobrepondo-se aos sons normais. Classificam-se em finos e grossos.
- *Roncos*: aparecem predominantemente na expiração. Têm origem nas vibrações das paredes brônquicas e estão presentes em caso de edema, secreções ou espasmo.
- *Sibilos*: têm origem nas vibrações das paredes bronquiolares e de seu conteúdo gasoso. São, em geral, encontrados nos casos de espasmo brônquico, como ocorre nos pacientes com crise de asma ou naqueles em ventilação mecânica.

A seguir, apresenta-se um quadro comparativo entre as características do tórax normal e as principais alterações encontradas no exame do sistema respiratório (Quadro 3.4).

Quadro 3.4 – Comparação entre tórax normal e alterações torácicas

| | Tórax normal | Pneumonia | Atelectasia | Enfisema | Asma | Bronquite crônica | Derrame pleural | Pneumotórax |
|---|---|---|---|---|---|---|---|---|
| **Inspeção (Traqueia)** | Linha média | Linha média | Desvio para o lado comprometido | Linha média | Linha média | Linha média | Desviada para o sentido oposto (no caso de grande derrame) | Desvio para o lado oposto quando há muito ar |
| **Percussão** | Som claro pulmonar | Maciça na região condensada | Maciça na região sem ar | Difusamente hipertimpânica | Normal ou hipertimpânico | Som claro atimpânico | Submaciça ou maciça na região do derrame | Timpânica na região com ar |
| **Palpação (Frêmito)** | Normal | Aumentado na região comprometida | Ausentes | Diminuído | Diminuído | Normal | Diminuídos ou ausentes | Diminuídos ou ausentes na região com ar |
| **Ausculta (Som)** | Murmúrios vesiculares (na área pulmonar); broncovesiculares sobre os grandes brônquios e brônquios (na área da traqueia) | Brônquicos na região comprometida | Ausentes | Diminuído ou ausente | Murmúrios vesiculares obscurecidos | Murmúrios vesiculares (na área pulmonar); broncovesiculares sobre os grandes brônquios e brônquios (na área da traqueia) | Diminuídos ou ausentes | Diminuídos ou ausentes na região com ar |
| **Ausculta (Ruídos adventícios)** | Ausentes | Estertores no fim da inspiração | Ausentes | Ausente. Se associado à bronquite crônica, pode haver estertores, sibilos ou roncos | Sibilos | Estertores, sibilos ou roncos | Nenhum ou pode haver atrito pleural | Ausentes |

## 3.9 Exame do sistema cardiovascular

O coração está localizado na cavidade torácica, na linha média do esterno, entre 3ª e a 6ª cartilagem costal. Sua base corresponde à parte superior, e o ápice, à parte inferior. O ápice toca a parede torácica anterior na intercessão do 4º ao 5º espaço intercostal (EIC) com a linha hemiclavicular e corresponde ao ponto de impulso apical ou ponto de impulso máximo (PIM), também conhecido como *Ictus Cordis*.

O precórdio corresponde à área do tórax sobre o coração. O órgão é recoberto pelo pericárdio, membrana que tem dois folhetos denominados *pericárdio fibroso* (que permanece em contato com a caixa torácica) e *pericárdio seroso* (que guarda contato íntimo e direto com o coração). O líquido pericárdico, presente entre os dois folhetos, permite o deslizamento desses durante o ciclo cardíaco (sístole e diástole).

### 3.9.1 Inspeção e palpação

Permitirá a avaliação do *Ictus Cordis*. O PIM, em condições normais, pode ser palpado na posição sentada com o tórax projetado para a frente, em decúbito lateral esquerdo, principalmente nos indivíduos longelíneos, mas, em geral, não pode ser visualizado. Nas situações em que há aumento da área cardíaca, o PIM torna-se visível e palpável para além dos limites do 4º ou do 5º EIC e da linha hemiclavicular, como ocorre nos casos de hipertrofia ventricular esquerda.

### 3.9.2 Ausculta cardíaca

Destina-se à avaliação dos sons obtidos durante o ciclo cardíaco. Os sons cardíacos, denominados *bulhas cardíacas*, são resultantes do fechamento das válvulas mitral, tricúspide, aórtica e pulmonar. Porém, em algumas situações patológicas, podem-se auscultar ruídos decorrentes da abertura valvar e/ou do fluxo sanguíneo que transita entre as câmaras cardíacas. Descrevem-se, a seguir, as principais características dos ruídos conhecidos.

### 3.9.2.1 Bulhas cardíacas

#### 3.9.2.1.1 B1 ou primeira bulha

Corresponde ao fechamento das válvulas tricúspide e mitral.

- inicia-se o processo da sístole;
- há aumento da pressão ventricular;
- ventrículos se contraem;
- ocorre o fechamento valvar (mitral/tricúspide) para que o sangue não reflua para os átrios.

#### 3.9.2.1.2 B2 ou segunda bulha

Corresponde ao fechamento das válvulas aórtica e pulmonar

- o sangue flui através das valvas aórtica e pulmonar para as artérias aorta e pulmonar;
- cai a pressão intraventricular;

- ocorre o fechamento valvar (aórtica e pulmonar) para que o sangue ejetado não reflua para os ventrículos.

### 3.9.2.1.3 B3 ou terceira bulha

Pode ocorrer em situações fisiológicas, como no coração de um atleta ou de um recém-nato, ou mesmo em idosos, devido ao processo natural de envelhecimento. Todavia, também ocorre em situações patológicas. É observada na fase rápida do enchimento ventricular.

- as valvas mitral e tricúspide se abrem para o enchimento ventricular;
- o fluxo de sangue se depara contra a parede de ventrículos pouco complacentes.

### 3.9.2.1.4 B4 ou quarta bulha

Ao contrário da B3, sempre caracteriza um processo patológico. Quando presente, é auscultada durante a contração atrial, na segunda fase do enchimento ventricular.

- os átrios se contraem para facilitar o enchimento ventricular;
- o fluxo de sangue se depara contra a parede de ventrículos não complacentes.

### 3.9.2.2 Sons cardíacos extras

Comumente, estão ausentes quando as valvas cardíacas abrem-se sem ruído.

### 3.9.2.2.1 Estalidos

São causados por válvulas artificiais inseridas durante cirurgias cardíacas. São sons extras curtos de alta tonalidade.

### 3.9.2.2.2 Sopros

Em geral, indicam patologias, como prolapso, insuficiência ou estenose valvar.

O som é sibilante, semelhante a um assobio ou ao vento soprando. Se auscultado entre B1 e B2, é classificado como *sopro sistólico*. Se auscultado entre B2 e B1, é classificado como *sopro diastólico*. Sua sonoridade é relacionada com o grau de extensão da patologia, podendo ser assim graduado:

- *Grau 1*: razoavelmente audível.
- *Grau 2*: audível imediatamente, mas suave.
- *Grau 3*: alto, sem frêmito.
- *Grau 4*: muito alto, com frêmito.
- *Grau 5*: é audível com o estetoscópio aplicado parcialmente.
- *Grau 6*: pode ser ouvido sem o estetoscópio.

### 3.9.2.2.3 Atritos

Ruído gerado pela alteração do líquido pericárdico que passa a ter características inflamatórias nos casos de pericardite.

A avaliação cardiovascular completa-se com a avaliação vascular, o que inclui a análise dos pulsos periféricos, assim como a avaliação dos membros superiores e inferiores no que diz respeito à coloração, à temperatura e ao enchimento capilar, além da aferição da pressão arterial.

## 3.10 Exame do sistema digestório

Mesmo não correspondendo ao foco da investigação clínica ou não estando relacionado à doença de base do paciente, o sistema digestório deve ser alvo de atenção para a assistência de enfermagem.

A função de nutrição e de excreção é considerada por Maslow (apud Horta e Castellanos, 1979) necessidade de caráter fisiológico, compondo a base da pirâmide das necessidades humanas básicas. Assim, o mal-funcionamento do sistema digestório poderá comprometer as demais funções orgânicas, pois são rigorosamente interdependentes.

Na coleta de informações, devem-se destacar:

*Sintomas gastrintestinais*, comumente relatados pelo próprio paciente ou por familiares:

- enjoo, vômitos, dor;
- diarreia, constipação;
- desconforto abdominal, flatulência;
- má digestão;
- mal hálito, "boca seca", lesões bucais;
- dificuldade de mastigar ou de deglutir;
- alteração no apetite;
- perda ou ganho de peso;
- icterícia;
- sangramentos.

A *história patológica pregressa*, que geralmente inclui:

- doença abdominal prévia e cirurgias;
- hepatopatias e pancreatopatias;
- hemorroidas;
- alergia alimentar e/ou medicamentosa.

A *história familiar*:

- hipertensão arterial sistêmica (HAS), diabetes, câncer, síndrome de má absorção.

A *história social*:

- consumo de álcool, cafeína, tabagismo e estresse;
- história ambiental ou ocupacional;
- exposição a substâncias tóxicas e a doenças infecciosas.

Na *inspeção da cavidade oral*, são pontos principais para o enfermeiro:

- avaliação da higiene;
- busca por lesões;
- avaliação da dentição.

Serão, sem dúvida, instrumentos para o planejamento da assistência.

A *inspeção do abdômen*:

- características da pele: coloração, cicatrizes, estrias, lesões;
- veias dilatadas;
- circulação colateral;
- abaulamentos: hérnia umbilical, hérnia incisional, lipomas;
- protuberâncias: gordura, gases, tumorações, líquido ascítico, gestação;
- retração do abdômen.

## 3.10.1 Ausculta

Objetiva avaliar a peristalse e os ruídos vasculares. Este método deve preceder a palpação e a percussão, para que não sejam alterados os movimentos peristálticos.

A peristalse caracteriza a movimentação necessária para que haja digestão do alimento. Sua frequência varia entre 5 e 34 movimentos por minuto (Bickley, 2001). Frequências menores que 5 por minuto são caracterizadas como hipoperistalse, e maiores que 34, como hiperperistalse. Os ruídos devem ser auscultados durante 1 minuto. Na inexistência de ruídos nesse período, deve-se auscultar por até 3 minutos antes de se determinar que o abdômen encontra-se aperistático.

A avaliação vascular, durante a ausculta do abdômen, tem em vista a detecção de turbulências e de sopros que podem ser identificados nos casos de estenose vascular, aneurismas, insuficiência aórtica ou hepatocarcinomas vascularizados. Por isso, é importante ressaltar que, quando se ausculta um sopro, não se deve fazer percussão ou palpação, sob risco de complicações, como ruptura de um aneurisma.

A detecção de atritos durante a ausculta abdominal, quando associada com variações respiratórias, pode ser decorrente de biopsia hepática recente ou presença de drenos, mas também pode indicar peritonite ou mesmo a presença de tumores hepáticos.

## 3.10.2 Percussão

Os objetivos são:

- avaliar a intensidade e a distribuição dos gases no abdômen;
- estimar a dimensão de órgãos;
- detectar presença de fluidos, ar e massas.

*Características gerais*: no abdômen, o som predominante é o timpânico. A presença de líquidos e fezes, assim como de massa, ou o aumento de um órgão determinam regiões de macicez.

## 3.10.3 Palpação superficial

Objetiva identificar hipersensibilidade abdominal, massas, órgãos e crepitações subcutâneas, resistência muscular e defesa involuntária.

## 3.10.4 Palpação profunda

Adotada para investigar alterações, como presença de massas abdominais, determinando mais detalhes, como localização, tamanho, formato, consistência, mobilidade e pulsações.

## 3.10.5 Observações importantes

A insuficiência hepática é uma ocorrência preocupante num paciente criticamente doente, pois o fígado é um órgão importante pela participação em diversas funções metabólicas, incluindo as relacionadas à terapêutica medicamentosa. Diversos medicamentos são metabolizados no fígado. Por isso, o enfermeiro deve estar atento aos sinais de insuficiência hepática:

- icterícia;
- aumento das mamas;
- circulação colateral no abdômen;
- palma hepática: eritema na região hipotenar;
- hálito hepático;
- alterações do nível de consciência.

Outro foco durante o exame do sistema digestório são os sinais de irritação peritoneal. Os principais são dor e hipersensibilidade abdominais associadas a espasmos musculares.

Dor abdominal:

- Descompressão dolorosa (rechaço): a pressão progressiva com retirada súbita do estímulo gerando dor intensa: sinal de Blumberg.
- Dor referida no quadrante inferior direito, mediante compressão e descompressão do quadrante inferior esquerdo, sugere inflamação do apêndice: sinal de Rovsing.
- Dor no quadrante superior direito do abdômen, sob o rebordo costal direito, pode ser sinal de colecistite aguda: sinal de Murphy.

Observações importantes que requerem registro diário pelo enfermeiro, no cuidado ao paciente crítico:

- Data da última função intestinal: o registro da função intestinal é de extrema importância. A ocorrência de diarreias ou de constipação é indesejável para a boa evolução do paciente e, por isso, deve ser prontamente corrigida. É necessária a inspeção diária e boa higienização das regiões perianal e anal, na busca de intercorrências que possam interferir na excreção do material fecal ou que possam ter sido ocasionadas por ela. Um destaque deve ser dado à ocorrência de lesões causadas pelo esforço ao evacuar ou por repetidos episódios diarreicos, gerando dor e grande desconforto para o paciente.
- Perímetro abdominal: sofrerá alterações devidas à má digestão, à estase gástrica, à ventilação não invasiva com pressão positiva etc. Seu registro deve se tornar um hábito no cotidiano do cuidado, como subsídio para planejamento da assistência.
- Tipo de dietoterapia.
- Em caso de nutrição enteral: controle radiológico do catéter enteral em intervalos regulares definidos institucionalmente. O intuito é determinar a manutenção do posicionamento inicial do dispositivo: gástrico, duodenal ou jejunal.

## » Referências

BICKLEY, L. S. *Bates*: propedêutica médica essencial. Rio de Janeiro: Guanabara Koogan, 2001.

CINTRA, E. A.; NISHIDE, V. M.; NUNES, W. A. *Assistência de enfermagem ao paciente gravemente enfermo*. 2. ed. São Paulo: Atheneu, 2003.

Horta, W. A.; Castellanos, B. E. P. *Prcocesso de Enfermagem*. São Paulo: EPU, 1979.

Mesquita, A. M. F.; Sampaio, C. E. P.; Silva, L. D. Semiotécnica na Aferição dos Sinais Vitais. In: Silva, L. D.; Pereira, S. R. M.; Mesquita, A. M. F. *Procedimentos de enfermagem*: semiotécnica para o cuidado. Rio de Janeiro: Médice, 2004.

Porto, C. C. *Manual do exame clínico*. Rio de Janeiro: Guanabara Koogan, 1999.

Potter, P. A.; Perry, A. G. *Fundamentos de enfermagem*. Rio de Janeiro: Elsevier, 2005.

Task. Force of the American College of Critical Care Medicine and Society of Critical Care Medicine. Guidelines for ICU admission, discharge, and triage. *Crit. Care Med.*, v. 27, n. 3, p. 633-8, 1999.

# Parte 2
Prognóstico e Segurança na UTI

# 4

# Índices prognósticos na unidade de terapia intensiva

>> *Virgínia Fernanda Januário*

Os índices prognósticos correspondem a escores, construídos com base em modelos de predição de risco/gravidade de indivíduos internados em unidades de terapia intensiva (UTI). Ao traduzir em valores numéricos a gravidade de determinado paciente, com base na análise de sua evolução clínica, de resultados laboratoriais e/ou de procedimentos executados conforme o tipo ou a frequência destes, objetivam quantificar dados que permitam estimar sobrevida, tempo de internação, seus custos *versus* benefícios e uso de recursos materiais e humanos.

# 4.1 Índices genéricos mais usados atualmente

## 4.1.1 APACHE (Acute Physiologic and Chronic Health Evaluation)

Desenvolvido por Knaus et al. (1981) no George Washington University Medical Center; passou a ser denominado APACHE II após revisão em 1985, quando foi simplificado. Habitualmente, é aplicado nas primeiras 24 horas de internação na UTI e, por seu intermédio, é possível calcular o risco de óbito de um paciente com determinada patologia (Andrei et al., 2006).

Esse índice registra 12 variáveis fisiológicas (clínicas e laboratoriais): temperatura retal, pressão arterial média, frequência cardíaca, frequência respiratória, oxigenação – $FiO_2$, pH arterial, sódio sérico, potássio sérico, creatinina, hematócrito, glóbulos brancos e Escala de Glasgow. Os valores das variáveis corresponderão a uma pontuação que varia de 0 a 4. Será atribuída ainda uma pontuação específica relativa à idade do paciente e à presença de doença crônica. O somatório das três pontuações corresponde ao valor do APACHE II.

O risco de óbito é calculado por uma equação de regressão logística (Andrei et al., 2006, p. 2056) "com o valor do APACHE II, uma constante (0,603 para pós-operatório de cirurgia de urgência) e um valor ponderal para a categoria diagnóstica".

Após a estratificação de pacientes por faixa de risco, é possível estabelecer a relação entre óbitos esperados e observados. Essa relação é denominada Standardized Mortality Rate (SMR), no qual o:

- valor = 1 representa que o resultado observado foi igual ao esperado;
- valor < 1 representa que o resultado observado foi melhor que o esperado;
- valor > 1 representa que o resultado observado foi pior que o esperado.

Há uma versão mais recente desse escore, o APACHE III, que passou a contar com mais cinco variáveis: débito urinário, níveis séricos de ureia, albumina, bilirrubinas e glicose. Foram feitas modificações na pontuação atribuída e também acrescentadas novas categorias diagnósticas. O objetivo foi aumentar a acurácia na predição de risco de forma individualizada, mas sua difusão foi dificultada devido à falta de divulgação de componentes a serem aplicados na equação para o cálculo de risco.

## 4.1.2 SAPS (Simplified Acute Physiologic Score)

Desenvolvido por Le Gall et al. (1983) no hospital Henri-Mondor, em Creteil (França) (Andrei et al., 2006).

Uma pontuação era inicialmente atribuída a 13 variáveis fisiológicas e à idade. Após uma revisão, o SAPS 2 foi validado em 12 países da Europa e nos Estados Unidos. A pontuação, na nova versão, passou a ser atribuída a 12 variáveis fisiológicas, à idade e ao tipo de admissão (cirúrgica eletiva, cirúrgica não eletiva ou clínica).

Uma nova revisão foi feita em 2005, tendo em vista as falhas ocorridas na avaliação prognóstica. Foi publicada então a versão SAPS 3, validada em 35 países e considerada o mais completo estudo epidemiológico. Os dados obtidos na admissão permitem estabelecer o *status* vital do paciente na alta hospitalar (Andrei et al., 2006).

São vinte variáveis distribuídas em três classes:

- *Informações sobre o paciente antes da admissão na UTI*: idade, comorbidades, uso de drogas vasoativas antes da admissão na UTI e locação intra-hospitalar antes da admissão na UTI.

- *Informações sobre as circunstâncias da internação na UTI*: motivo da admissão na UTI, internação na UTI planejada/não planejada, *status* cirúrgico na admissão na UTI, sítio cirúrgico e presença de infecção na admissão na UTI.

- *Informações sobre a presença e o grau das alterações fisiológicas no momento da admissão do paciente na UTI (com possível variação de 1 hora antes ou 1 hora depois)*: menos valor estimado pela Escala de Glasgow, menor pressão arterial sistólica, maior bilirrubina total, maior frequência cardíaca, maior temperatura corporal, maior creatinina, maior contagem de leucócitos, menor pH, menor contagem de plaquetas, suporte ventilatório e oxigenação.

A pontuação do SAPS 3 pode variar entre 0 e 217 pontos. Pode ser adotado como base para o cálculo da probabilidade de morte dos pacientes (Andrei et al., 2006).

## 4.1.3 MPM (Mortality Prediction Model)

Desenvolvido por Lemeshow et al. (1985) no Medical Center of Massachusetts, o MPM foi revisado em 1993 e publicado como MPM II, passando a ser composto por 15 variáveis:

> presença de frequência cardíaca ≥ 150 bpm, pressão arterial sistólica ≤ 90 mmHg, presença de coma, insuficiência renal crônica, cirrose, neoplasia metastática, insuficiência renal aguda, arritmia cardíaca, acidente vascular cerebral, sangramento gastrintestinal, efeito de "massa" intracraniano, idade, ressuscitação cardiopulmonar prévia à admissão, uso de ventilação mecânica e pós-operatório de cirurgia de urgência. (Andrei et al., 2006, p. 2062)

A cada uma das variáveis é atribuído um coeficiente multiplicado por 0 ou por 1, dependendo de sua ausência ou presença. Os valores são somados à constante de uma equação, que resulta na probabilidade de mortalidade do paciente ao ser admitido na UTI. A avaliação é feita no momento da admissão do paciente na UTI e 24 horas depois.

Andrei et al. (2006) destacam que atos e condutas estabelecidos para cada paciente não devem ser exclusivamente orientados pelos índices prognósticos disponíveis atualmente, já que não têm valor preditivo e acurácia suficientes para orientá-los. São necessárias avaliações e adaptações desses métodos ao Brasil, já que todos foram desenvolvidos e validados em regiões com diferentes padrões referentes à clientela e ao padrão de atendimento.

## 4.2 Índices para avaliação de procedimentos

### 4.2.1 TISS (Therapeutic Intervention Scoring System)

Desenvolvido por Culen et al. (1974) no Massachusetts General Hospital of Boston, este escore relaciona a quantidade de intervenções aplicadas ao paciente com seu grau de gravidade (Padilha, 2005).

O instrumento original contava com 76 intervenções terapêuticas e de monitoração. Cada intervenção recebia pontuação entre 1 e 4, de acordo com a complexidade dos procedimentos feitos e do tempo despendido pelas equipes de enfermagem e médica para a execução desses procedimentos.

Em 1996, o instrumento sofreu alterações relacionadas ao aumento da complexidade da assistência aos pacientes na UTI a partir da década de 1980. As atividades de enfermagem, até então conduzidas de forma esporádica, foram sendo incorporadas a uma rotina assistencial. Dessa forma, foi simplificado por Miranda et al. (1996 apud Padilha, 2005) no University Hospital of Groningen, na Holanda, passando a ser denominado TISS-28. As intervenções foram agrupadas em itens correlatos e reduzidas para 28. A pontuação atribuída também sofreu alterações.

O sistema foi traduzido e validado para o português, o que tem permitido sua adoção nas UTIs em nosso país (Padilha, 2005).

Quadro 4.1 – TISS (Therapeutic Intervention Scoring System) – TISS28

| Intervenções terapêuticas – atividades básicas | Pontuação prevista |
|---|---|
| 1. Exames de laboratório e microbiológicos. | 1 |
| 2. Monitoração padrão: sinais vitais horários, registro e cálculo de balanço hídrico (BH). | 5 |
| 3. Medicação única, venosa, intramuscular (IM), oral e sonda nasogástrica (SNG), subcutânea. | 2 |
| 4. Medicações endovenosas múltiplas, mais que uma droga. | 3 |
| 5. Troca de curativos de rotina. Cuidados e prevenção de úlceras. Troca diária de curativos. | 1 |
| 6. Trocas frequentes de curativo, pelo menos uma vez por turno de enfermagem, e/ou cuidados de feridas extensas. | 1 |
| 7. Cuidados com drenos (todos exceto SNG). | 3 |
| **Suporte ventilatório** | |
| Qualquer forma de ventilação mecânica, ventilação assistida com e sem pressão positiva ao final da exposição (PEEP), com ou sem relaxantes musculares, respiração espontânea com PEEP. | 5 |
| Suporte ventilatório suplementar. Respiração espontânea através de tubo orotraqueal (TOT) sem PEEP, oxigênio suplementar por qualquer método, exceto aplicação de parâmetros de ventilação mecânica. | 2 |
| Cuidados com a via aérea artificial, tubo ou traqueostomia. | 1 |
| Tratamento por melhora da função pulmonar. Fisioterapia respiratória, espirometria estimulada, aspiração endotraqueal. | 1 |

Continua

Continuação

| Suporte cardiovascular | Pontuação prevista |
|---|---|
| Medicação vasoativa única, qualquer droga vasoativa. | 3 |
| Medicação vasoativa múltipla, qualquer droga, independentemente de dose e tipo. | 4 |
| Reposição de grandes perdas volêmicas. | 4 |
| Cateter arterial periférico. | 5 |
| Monitoração do átrio esquerdo. Cateter da artéria pulmonar com ou sem medida de débito cardíaco. | 8 |
| Via venosa central. | 2 |
| Ressuscitação cardiopulmonar (nas últimas 24 h). | 3 |
| **Suporte renal** | |
| Técnicas de hemofiltração e técnicas dialíticas. | 3 |
| Medida quantitativa de debito urinário. | 2 |
| Diurese ativa (por exemplo: furosemida > 0,5 mg/kg/dia). | 3 |
| **Suporte neurológico** | |
| Medida da pressão intracraniana. | 4 |
| **Suporte metabólico** | |
| Tratamento da acidose/alcalose metabólica complicada. | 4 |
| Nutrição parenteral total. | 3 |
| Nutrição enteral por qualquer via. | 2 |
| **Intervenções específicas** | |
| Intervenção específica única na UTI. Entubação naso ou orotraqueal, marca-passo, cardioversão, endoscopia, cirurgia de emergência nas últimas 24 h, lavagem gástrica. Não estão incluídas intervenções de rotina sem consequências para o paciente, como raios X, ecocardiograma, eletrocardiograma, curativos e cateter central. | 3 |
| Intervenções específicas múltiplas (sempre mais de uma). | 5 |
| Intervenções específicas fora da UTI, procedimentos diagnósticos e cirúrgicos. | 5 |
| **Total** | |

Fonte: adaptado de Padilha et al.(2005).

## 4.2.2 NAS (Nursing Activities Score)

Desenvolvido por Miranda et al. (2003) no University Hospital of Groningen, este escore é pautado na avaliação da duração das atividades de enfermagem em tempo real. Ao contrário do TISS-28, não é relacionado à gravidade da doença do paciente (Andrei et al., 2006).

Uma característica importante do NAS é sua capacidade de mensurar a carga de trabalho da enfermagem, sendo usado para a alocação diária de recursos humanos para o atendimento dos pacientes, de acordo com Andrei et al. (2006, p. 2066), permitindo "o aprimoramento da eficácia do planejamento, custos e auditoria na UTI".

> A principal mudança em relação ao TISS-28 ocorreu na categoria atividades básicas, que foi subcategorizada em: monitoração e controles, procedimentos de higiene, mobilização e posicionamento, suporte e cuidados aos familiares e pacientes e tarefas administrativas e gerenciais. (Queijo e Padilha, 2009, p. 1011)

São cinco atividades incluídas:

- monitoração;
- higiene;
- mobilização;
- suporte emocional do paciente e da família;
- funções administrativas.

O escore NAS "expressa a porcentagem de tempo gasto por um profissional de enfermagem na assistência direta ao doente crítico na UTI, em 24 horas" (Gonçalves et al., 2006, s.p).

A atribuição de pesos a cada item avaliado "permite melhor compreensão das atividades de enfermagem na UTI, tornando possível determinar melhorias no processo de cuidados e na distribuição de deveres entre os vários profissionais na UTI" (Andrei et al., 2006, p. 2059). Em pesquisa que objetivava adaptar o índice ao português e validar seu uso nas UTIs brasileiras, os autores concluíram que o NAS se mostrou um instrumento válido para mensurar a carga de trabalho de enfermagem nas UTIs do país.

Entretanto, na mensuração dessa carga horária, também deve ser considerada a Resolução nº 293/2004 do Conselho Federal de Enfermagem, que fixa e estabelece parâmetros para o dimensionamento do quadro de profissionais de enfermagem nas unidades assistenciais das instituições de saúde e assemelhados, recomendando que o dimensionamento e a adequação quantitativa e qualitativa do quadro de profissionais de enfermagem devem ser baseados em características relativas à instituição/empresa, ao serviço de enfermagem e à clientela.

## ≫ Referências

Andrei, A. M. et al. Índices Prognósticos em Terapia Intensiva. In: Knobel, E. *Condutas no Paciente Grave*. 3. ed. São Paulo: Atheneu, 2006.

Brasil. Conselho Federal de Enfermagem [Internet]. Resolução Cofen nº 293/2004. Fixa e Estabelece Parâmetros para o Dimensionamento do Quadro de Profissionais de Enfermagem nas Unidades Assistenciais das Instituições de Saúde e Assemelhados. Disponível em: <http://site.portalcofen.gov.br/sites/default/files/RESOLUCAO2932004.PDF>. Acesso em: 23 fev. 2012.

Gonçalves, L. A. et al. Necessidades de cuidados de enfermagem em Terapia Intensiva: evolução diária dos pacientes segundo o Nursing Activities Score (NAS). *Rev. Bras. Enferm.*, Brasília, v. 59, n. 1, jan./fev. 2006. Disponível em: <http://www.scielo.br/scielo.php?script=sci_arttex&pid=s0034716720060001000011&ing=en&nrm=iso>. Acesso em: 23 fev. 2012.

INOUE, K. C.; MATSUDA, L. M. Dimensionamento de pessoal de enfermagem em Unidade de Terapia Intensiva para adultos. *Acta Paul. Enferm.*, São Paulo, v. 23, n. 3, 2010. Disponível em: <http://www.scielo.br/pdf/ape/v23n3/v23n3a11.pdf>. Acesso em: 23 fev. 2012.

PADILHA, K. G. et al. Therapeutic intervention scoring system-28 (TISS-28): diretrizes para aplicação. *Rev. Esc. Enferm. USP*, São Paulo, v. 39, n. 2, p. 229-33, 2005.

QUEIJO, A. F.; PADILHA, K. G. Nursing Activities Score (NAS): adaptação transcultural e validação para a língua portuguesa. *Rev. Esc. Enferm. USP*, São Paulo, v. 43, n. esp., dez. 2009. Disponível em: <http://www.scielo.br/scielo.php?pid=S0080-62342009000500004&script=sci_arttext>. Acesso em: 23 fev. 2012.

# 5

## Segurança do paciente no contexto da terapia intensiva

>> *Lolita Dopico da Silva*

Os erros e os danos causados aos pacientes durante o atendimento médico-hospitalar têm sido descritos e estudados por mais de um século, porém a visibilidade do tema entre os profissionais de saúde não alcançou os níveis necessários de atenção. Em 1999, o Institute of Medicine (IOM) lançou o relatório *Errar é humano*, que divulgou amplamente os achados relacionados com lesões causadas pelo tratamento médico-hospitalar nos Estados Unidos (Kohn, Corrigan e Donaldson, 1999). A partir dessa publicação, diversos estudos reforçaram com dados a associação do risco e a assistência à saúde, e a Organização Mundial da Saúde (OMS) lançou, em outubro de 2004, a Aliança Mundial para a Segurança do Paciente. Considerando a iniciativa da OMS e sua importância no cenário mundial, a discussão sobre essa temática aumentou significativamente. Nos Estados Unidos e na Europa, os litígios e a melhor compreensão pelos pacientes com relação ao erro médico contribuíram enfaticamente para que o tema fosse amplamente discutido.

O entendimento do conceito de segurança do paciente é importante para o dimensionamento do problema e a compreensão dos diversos fatores envolvidos. A OMS (2009) define segurança do paciente como a redução do risco de danos desnecessários associados à assistência em saúde até um mínimo aceitável. O mínimo aceitável refere-se àquilo que é viável diante do conhecimento atual, dos recursos disponíveis e do contexto em que a assistência foi feita diante do risco de não tratamento ou de outro tratamento.

A relação entre risco e cuidados relacionados à saúde é muito próxima. Compreendem-se como risco condições, situações e procedimentos que, caso ocorram, podem resultar em efeito negativo para o paciente (Vincent, 2009). Quanto mais especializados são os meios de diagnóstico e de tratamento, maiores os riscos agregados. Dessa forma, quanto maior o risco que o paciente corre, mais sua segurança está em jogo. Vincent (2009) apresenta o conceito acerca da segurança do paciente e destaca que: "Segurança do paciente pode ser definida como o ato de evitar, prevenir e melhorar os resultados adversos ou as lesões originadas no processo de atendimento médico-hospitalar" (Vincent, 2009, p. 16).

A ocorrência crescente de casos documentados de eventos adversos no cuidado à saúde tem provocado debates sobre a segurança do paciente em âmbito internacional e, mais recentemente, no Brasil. Estudos sobre agravos causados pelo cuidado à saúde já vêm sendo divulgados há muitos anos (Mendes, 2005).

O termo *evento adverso* (EA) refere-se ao aparecimento de um problema de saúde causado pelo cuidado, e não pela doença de base, ocasionando uma lesão não intencional que resultou em incapacidade temporária ou permanente e/ou prolongamento do tempo de permanência ou morte como consequência do cuidado prestado (Vincent, 2009). São relatados eventos adversos oriundos de procedimentos cirúrgicos, procedimentos médicos, uso de medicamentos, tratamento não medicamentoso, demora ou incorreção no diagnóstico. Os eventos adversos relacionados a medicamentos são responsáveis por cerca de 20% do total de casos observados, atrás apenas daqueles associados a procedimentos cirúrgicos (Mendes, 2005; OMS, 2009).

Portanto, ao se tornar paciente, o indivíduo é exposto ao risco de lesões e resultados adversos, o que faz o atendimento médico-hospitalar inerentemente perigoso. Isso faz que a responsabilidade em manter o paciente seguro não seja somente dos profissionais que prestam assistência, mas de todos os componentes do sistema – gerentes, administradores e instituições em geral (Vincent, 2009).

Fica claro que a segurança está diretamente relacionada com o erro. Contudo, é importante entender que há diversas categorias de erro e que algumas delas geram lesões. De acordo com o National Coordinating Council for Medication Error Reporting Prevention (NCC MERP), as categorias do erro com medicamentos são divididas em:

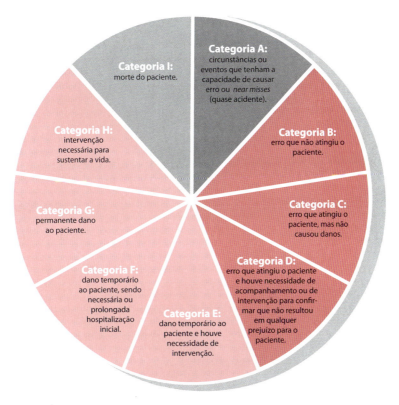

Figura 5.1 – Índice de categorização de erros médicos.
Fonte: NCC MERP (2001).

Nessas categorias de erros de medicação, as que não causam lesão ao paciente são:

- *Categoria A*: circunstâncias ou eventos que tenham a capacidade de causar erro, ou *near misses* ("quase acidente").
- *Categoria B*: erro que não atingiu o paciente.
- *Categoria C*: erro que atingiu o paciente, mas não causou danos.
- *Categoria D*: erro que atingiu o paciente e houve necessidade de acompanhamento ou de intervenção para confirmar que não resultou em qualquer prejuízo para o paciente.

As categorias de erro que causam danos são:

- *Categoria E*: dano temporário ao paciente e houve necessidade de intervenção.
- *Categoria F*: dano temporário ao paciente, sendo necessária ou prolongada hospitalização inicial.
- *Categoria G*: permanente dano ao paciente.
- *Categoria H*: intervenção necessária para sustentar a vida.
- *Categoria I*: morte do paciente.

Um dos pilares dos processos de gestão de risco é influenciar de modo positivo o relato e a investigação de eventos como ferramenta de qualidade na assistência. Uma das estratégias é a notificação desses eventos, a análise e condutas decorrentes para evitar novos eventos relacionados à mesma causa. Porém, a implementação desses mecanismos de registro não deve estar atrelada a uma filosofia institucional primitiva, mas, sim, que privilegia a responsabilidade e o comprometimento de cada profissional.

Reason (2005) afirma que uma cultura informada é uma cultura segura. A identificação de práticas e crenças presentes em uma organização mostra que esta está informada sobre os riscos e os danos, e atua para tonar-se segura. Fundamentalmente, uma organização segura depende da disposição dos trabalhadores que estão na linha de frente da organização, para reparar seus erros e quase erros. Essa disposição dos trabalhadores para relatar os erros e os danos depende de suas crenças de que a administração apoiará e recompensará o relato, e de que a disciplina ocorre baseada em correr riscos.

Tendo como base as discussões que vêm surgindo sobre o assunto, o tema *segurança do paciente* coloca em pauta quatro pontos importantes: redução das taxas de eventos adversos passíveis de prevenção; aprimoramento da comunicação entre profissionais do cuidado ao paciente (grande fonte de processos judiciais e base da estrutura de segurança); garantia aos pacientes de compensação por erros médicos legítimos; e diminuição da responsabilização do profissional de saúde quanto ao erro.

Caso fôssemos calcular o número de eventos adversos para o Brasil usando o número de 40 eventos por 100 internações, como sugere o Institute for Healthcare Improvement (IHI), e com base nos dados de 2006, que registram 11.315.681 internações pelo Sistema Único de Saúde (SUS) e 4 milhões de internações no setor privado, teríamos 6.126.272 eventos. Isso equivale a dizer que acontecem quase três eventos por dia em cada hospital do Brasil. Além disso, se 1% desses eventos ocasionasse o óbito do paciente, teríamos 61 mil óbitos/ano relacionados a eventos decorrentes de falhas no cuidado ao paciente. Tais dados são extremamente alarmantes, apesar de hipotéticos, e, por isso, torna-se urgente a necessidade de implementação de práticas seguras para a melhoria da qualidade dos cuidados relacionados à segurança do paciente.

Nesse sentido, a Aliança Mundial para Segurança do Paciente destaca tópicos que incluem cuidados com infecção e limpeza, bem como cuidados com práticas em cirurgia; o primeiro para evitar infecções hospitalares, e o segundo para evitar complicações cirúrgicas.

As campanhas de intervenção incluem itens como prevenção de pneumonia associada à ventilação mecânica, bem como tratamento adequado do infarto agudo do miocárdio ou da insuficiência cardíaca congestiva, ou mesmo diminuição de danos por medicações de alto risco.

A adoção de boas práticas e a redução dos erros decorrentes da assistência em saúde são fundamentais para a garantia da segurança do paciente em ambientes de cuidado, sendo amplamente difundidas por organizações que conduzem o processo de acreditação, por exemplo, em nível internacional por meio da Joint Comission on Acreditation of Healthcare Organizations (JCAHO), que se baseia nas seis metas internacionais do paciente, as quais incluem:

- identificar os pacientes corretamente;
- melhorar a comunicação efetiva;
- melhorar a segurança dos medicamentos de alta vigilância;
- assegurar cirurgias com local de intervenção correto, procedimento correto e paciente correto;
- reduzir o risco de infecções associadas aos cuidados de saúde;
- reduzir o risco de lesões ao paciente de corrente de quedas.

O Institute of Medicine (IOM) afirma que a cultura da segurança no cuidado em saúde requer três elementos (Winterstein et al., 2002):

- a crença de que, embora os processos de cuidado em saúde sejam de alto risco, podem ser planejados para prevenir o dano;
- um comprometimento ao nível da organização para detectar os erros e aprender com eles;

- um ambiente que gerencia os erros quando os trabalhadores conscientemente aumentam os riscos para os pacientes e seus pares.

A cultura da segurança está presente nas organizações de alta credibilidade, caracterizadas por processos de risco, complexos, mas com taxas baixas de erros. Tais organizações alcançam alta credibilidade porque estão preocupadas com o dano e são sensíveis em como cada membro da equipe afeta um processo; elas contam com aqueles que são mais conhecedores do processo para a tomada de decisão e resistem à tentação de culpar os indivíduos causadores dos erros em processos complexos. Esforços para avaliar a cultura da segurança são baseados na perspectiva psicológica organizacional, em que se observa a cultura da segurança como crenças e práticas compartilhadas que podem ser categorizadas, medidas e mudadas.

## 5.1 Eventos adversos relacionados a medicamentos

Eventos adversos relacionados a medicamentos[1] são considerados dano ou injúria causado ao paciente pela intervenção relacionada aos medicamentos (Institute for Safe Medication Practices – ISMP, 2007). A American Society of Health-System Pharmacists define como qualquer injúria ou dano, advindo de medicamento, em virtude de seu uso ou falta de uso quando necessário. Estão incluídos nesse conceito os erros de medicação e as reações adversas (ASHP, 1998).

Assim, sabe-se que os eventos adversos podem ser classificados em dois tipos, de acordo com as possibilidades de prevenção: reação adversa a medi-

---

[1] Medicamento é definido como todo produto farmacêutico tecnicamente obtido ou elaborado com finalidade profilática, curativa, paliativa ou para fins de diagnóstico (Anvisa, 2009).

camentos (RAM) e erros de medicação. Neste texto, discutem-se os eventos adversos do tipo *erros de medicação,* já que, por premissa, são eventos não intencionais e passíveis de serem evitados, conforme conceituações que se apresentam a seguir e são adotadas nesse estudo.

Erros de medicação segundo o NCC MERP podem ser definidos como:

> A medication error is any preventable event that may cause or lead to inappropriate medication use or patient harm while the medication is in the control of the health care professional, patient, or consumer. Such events may be related to professional practice, health care products, procedures, and systems, including prescribing; order communication; product labeling, packaging, and nomenclature; compounding; dispensing; distribution; administration; education; monitoring; and use. (NCC MERP, 1998)

No Brasil, a Agência Nacional de Vigilância Sanitária (Anvisa) adotou esta definição e a traduziu da seguinte forma:

> Qualquer evento evitável que pode causar ou levar a um uso inapropriado de medicamentos ou causar dano a um paciente, enquanto a medicação está sob o controle dos profissionais de saúde, pacientes ou consumidores. Esse evento pode estar relacionado com a prática profissional, os produtos para a saúde, procedimentos e sistemas, incluindo prescrição, orientações verbais, rotulagem, embalagem e nomenclatura de produtos industrializados e manipulados, dispensação, distribuição, administração, educação, monitorização e uso. (Anvisa, 2009)

A presença do dano é, portanto, necessária para a caracterização do evento adverso. Dano é definido como prejuízo temporário ou permanente da função ou da estrutura do corpo físico, emocional ou psicológico, seguido ou não de dor, requerendo intervenção (NCC MERP, 1998).

No cuidado em unidade de terapia intensiva (UTI), eventos adversos ocorrem talvez pela complexidade da condição clínica dos pacientes, pelas mudanças frequentes em seu estado geral, pela quantidade de profissionais atuantes e pelo manuseio de medicamentos potencialmente perigosos (MPP).[2]

O manejo da terapia farmacológica está entre as mais frequentes atividades desenvolvidas pelo enfermeiro em uma UTI, cabendo-lhe a responsabilidade por aprazamento, preparo, administração e monitoramento dos efeitos da medicação quanto a possíveis complicações. Contudo, condições ambientais, estruturais e de processo de trabalho dificultam o desenvolvimento dessas atividades por parte do enfermeiro, havendo a possibilidade de ocorrência de eventos adversos.

Em UTIs, os enfermeiros costumam, cada vez mais, ter suas preocupações voltadas para aspectos que envolvem a segurança do paciente nas etapas do aprazamento, o preparo e a administração dos medicamentos. Assim, cada vez mais, aprendem a usar recursos que possam diminuir a frequência de potenciais interações medicamentosas (PIM) ao aprazar medicamentos. Da mesma forma, preocupam-se em garantir a segurança microbiológica durante o preparo e a administração de medicamentos, assim como garantir a estabilidade e a eficácia terapêutica destes. No entanto, talvez por questões relacionadas à própria formação do enfermeiro, ou por aspectos do processo de trabalho nas UTIs, ocorre que, após a administração de medicamentos, ainda não é usual que os enfermeiros monitorem seus efeitos, monitoramento este fundamental quando se trata de MPPs.

A maioria dos medicamentos disponíveis no arsenal farmacêutico tem margem terapêutica segura. Porém, quando se quer implantar um programa

---

[2] MPP: definidos como medicamentos que, quando adotados de forma inadequada, têm severidade alta, podendo levar à morte do paciente, além de serem mais suscetíveis a causar danos ao paciente, mesmo quando empregado como previsto (ISMP, 2007).

para prevenção de erros de medicação, um grupo de medicamentos que deve ser priorizado são os fármacos denominados *high-alert medications*, chamados por Rosa e Perini (2003) de MPP. Por suas características, os MPPs podem ser usados como traçadores para a avaliação da qualidade do sistema de uso de medicamentos das instituições de saúde (Cohen, 2007).

Baseado em notificações de erros encaminhadas por médicos, enfermeiros e especialistas em segurança do paciente ao Programa de Notificação de Erros de Medicação do ISMP, criou-se uma relação de medicamentos considerados potencialmente perigosos, que é atualizada periodicamente. A última atualização dos *high-alert medications* foi elaborada com base em uma pesquisa com profissionais, em 2007. Exemplos de medicamentos que compõem essa lista são:

- agonistas adrenérgicos intravenosos (epinefrina, fenilefrina, norepinefrina);
- anestésicos gerais, inalatórios e intravenosos (propofol, cetamina);
- antagonistas adrenérgicos intravenosos (propranolol, metropolol);
- eletrólitos de alta concentração (cloreto de potássio, gluconato de cálcio e fosfato ácido de potássio);
- antitrombóticos (anticoagulantes como varfarina, heparinas não fracionadas e de baixo peso molecular, como a enoxparina);
- trombolíticos, benzodiazepínicos (midazolan e diazepan);
- opioides (fentanila, morfina, tramadol e petidina), entre outros.

De acordo com o IHI (2012), 58% dos danos causados por medicamentos são devidos aos MPPs. As quatro categorias de MPPs relacionadas à maioria dos problemas são: anticoagulantes, sedativos, narcóticos e insulinas, todos medicamentos largamente usados nas UTIs.

A ocorrência de eventos adversos relacionados a medicamentos (EAM), mais propriamente MPPs, pode acontecer como citado anteriormente, e assume-se que o monitoramento dos efeitos dos medicamentos administrados é também responsabilidade do enfermeiro, visto que esse profissional é o último elo de todo o sistema de medicação. Monitorar efeitos de um medicamento consiste em saber avaliar se os objetivos terapêuticos do medicamento foram alcançados. Um exemplo é o caso da administração da insulina regular, que requer a verificação dos níveis glicêmicos após uma hora de sua administração para constatar seu efeito terapêutico positivo na redução da hiperglicemia ou da presença de hipoglicemia.

Estudos conduzidos na década de 1990 na Austrália, na Nova Zelândia, na Grã-Bretanha e na França mostraram resultados ainda mais alarmantes. A investigação de eventos adversos em prontuários revelou as incidências de 16,5%, 11,33%, 10,8% e 14,5%, respectivamente, nesses países. Esses estudos mostraram que os eventos adversos causaram lesão decorrente do cuidado que levou à incapacidade temporária ou permanente, ao prolongamento da internação ou à morte do paciente. Segundo esses estudos, esses eventos seriam evitáveis em torno de 30% a 60% nas situações descritas (Vincent, 2009).

Em média, um paciente hospitalizado é vítima de, pelo menos, um erro de medicação por dia (Pepper, 1999). Essa falta de segurança nas práticas de uso das medicações resulta em 400 mil danos preveníveis, que custam cerca de 3,5 bilhões de dólares anualmente. A maioria das pesquisas em torno dessa temática tem sido conduzida em ambientes hospitalares, porém pouco têm sido centradas nas prioridades estabelecidas pela OMS, como na identificação e no desenvolvimento de intervenções locais para melhorar a segurança do paciente e a relação custo-benefício das estratégias de redução de risco (NCC MERP, 1998).

Nos Estados Unidos, dados de órgãos relacionados à segurança do paciente, como o IHI, estimam que ocorrem 40 a 50 eventos em cada 100 internações no país. Além disso, o custo estimado relacionado aos eventos que poderiam ter sido prevenidos chega a 29 bilhões de dólares ao ano, metade impactando diretamente o sistema de saúde. A estimativa de mortes por eventos adversos medicamentosos chegou a 7 mil nos Estados Unidos em 1997, segundo dados do IOM. No Reino Unido, os eventos adversos relacionados a medicamentos (EAM) são estimados em 85 mil casos ao ano (ISMP, 2007).

Nas unidades intensivistas, a segurança no manejo e no controle da terapia medicamentosa merece enfoque especial, visto que a combinação de múltiplas medicações, a gravidade e a instabilidade dos pacientes, e, na maioria das vezes, total dependência deles em relação à equipe multidisciplinar são fatores que predispõem o paciente à maior vulnerabilidade.

No Brasil, inicia-se o debate, por parte do governo federal e dos pesquisadores das ciências médica, farmacêutica e de enfermagem, sobre a segurança no uso de medicamentos. Por meio da Anvisa, o governo brasileiro implementou o projeto Hospitais Sentinelas, com o propósito de abordar a questão da segurança na adoção de medicamentos. A estratégia de atuação fundamenta-se em montar em todo o país uma rede de hospitais preparados para notificar reações adversas relacionadas a medicamentos e a queixas técnicas de produtos ligados à saúde: insumos, materiais e medicamentos, saneantes, caixas para provas laboratoriais e equipamentos médico-hospitalares em uso no Brasil. As informações obtidas integram o Sistema Nacional de Vigilância Pós-Comercialização, com a finalidade de subsidiar a Anvisa nas ações de regularização desses produtos no mercado.

Transpondo a discussão da segurança no manejo da terapia medicamentosa para as unidades intensivas, sabe-se que a maioria dos pacientes em unidades intensivistas são submetidos à complexa terapia medicamentosa em razão da gravidade da disfunção orgânica, razão pela qual um evento adverso com medicação merece enfoque particular, visto que as consequências podem ser mais danosas nesses pacientes. A essas questões, soma-se o fato de muitos serem pacientes crônicos que usam múltiplos medicamentos e podem apresentar mais reações adversas. A terapia medicamentosa nesse perfil de pacientes deve envolver o entendimento das mudanças estruturais e funcionais em seu organismo, com consequente alteração da farmacodinâmica e da farmacocinética das drogas empregadas.

Outro dado importante refere-se ao alto nível de complexidade e diversidade de atividades da equipe de enfermagem em todas as terapias intensivas. Situações que geram ansiedade e tensão, provocadas pela elevada responsabilidade, fazem parte do cotidiano da enfermagem, associadas às condições de trabalho nem sempre favoráveis. Vários aspectos podem diminuir a segurança no manejo da terapia medicamentosa feita pela enfermagem, os quais estão relacionados ao próprio contexto hospitalar e ao sistema de medicação institucionalizado em vários hospitais.

Ambientes como os da terapia intensiva são propícios à ocorrência de eventos adversos, como a complexa interação homem-máquina, em que a tecnologia aliada à necessidade de monitoração prolongada, ao padrão de trabalho em equipe, a situações de estresse e à imprevisibilidade de ocorrências gera situações de crise criando um ambiente favorável à ocorrência de eventos não previstos.

O ISMP define os MPPs por classe terapêutica, além de medicamentos específicos.

## 5.1.1 MPPs distribuídos em classes terapêuticas

- agonistas adrenérgicos intravenosos (epinefrina, fenilefrina, norepinefrina etc.);

- anestésicos gerais, inalatórios e intravenosos (propofol, cetamina etc.);
- antagonistas adrenérgicos intravenosos (propranolol, metroprolol etc.);
- antiarrítmicos intravenosos (lidocaína, amiodarona etc.);
- antitrombóticos (anticoagulantes etc.):
  - varfarina;
  - heparinas não fracionadas e de baixo peso molecular (enoxaparina, dalteparina etc.);
  - fator de coagulação Xa;
  - trombolíticos (alteplase, tenecteplase etc.);
  - inibidores da glicoproteína llb/llla (eptifibatide, tirofibana etc.);
- bloqueadores neuromusculares (suxametônio, rocurônio, pancurônio, vecurônio etc.);
- contrastes radiológicos intravenosos;
- hipoglicemiantes de uso oral;
- inotrópicos intravenosos (milrinona etc.);
- medicamentos administrados por via epidural ou intratecal;
- medicamentos na forma lipossomal (anfotericina B, lipossomal etc.);
- analgésicos opioides intravenosos, transdérmicos e de uso oral (incluindo líquidos concentrados e formulações de liberação imediata ou prolongada);
- quimioterápicos de uso parenteral e oral;
- sedativos moderados de uso oral em crianças (hidrato de cloral etc.);
- sedativos moderados intravenosos (midazolam etc.);
- solução cardioplégica;
- soluções de diálise peritoneal e hemodiálise;
- soluções de nutrição parenteral total.

## 5.1.2 MPPs: medicamentos específicos

- água estéril injetável, para inalação e irrigação em embalagens de 100 ml ou volume superior;
- cloreto de potássio concentrado injetável;
- cloreto de sódio hipertônico injetável (concentração maior que 0,9%);
- fosfato de potássio injetável;
- glicose hipertônica (concentração maior ou igual a 20%);
- insulina subcutânea e intravenosa;
- lidocaína intravenosa;
- metotrexato de uso oral (uso não oncológico);
- nitroprussiato de sódio injetável;
- oxitocina intravenosa;
- prometazina intravenosa;
- sulfato de magnésio injetável;
- tintura de ópio.

*****

Nas categorias e nos medicamentos listados pelo ISMP, destacam-se categorias pelo seu potencial em causar danos e pela frequência que são usados nas UTIs: benzodiazepínicos, opioides, anticoagulantes (varfarina e heparinas) e insulinas.

Dada sua importância no cenário do estudo, destacam-se seus mecanismos de ação, os danos relacionados e as ações que o enfermeiro deve desenvolver para evitar que tais danos acometam o paciente.

Os benzodiazepínicos são os sedativos mais importantes e mais usados em UTI, devido a suas ações sedativa, hipnótica, ansiolítica e anticonvulsivante imediatamente eficazes. Os benzodiazepínicos reduzem o tônus muscular por uma ação central, que é independente de seu efeito sedativo. Sendo assim, pode-se ter redução do tônus muscular sem a sedação propriamente dita; podem ocasionar distúrbios cognitivos, descoordenação motora, turvação visual e amnésia anterógrada. Em caso de dosagem maior que a necessária, pode ocorrer depressão e parada respiratória, além de perda do tônus simpático, gerando hipotensão. Cabe ao enfermeiro o acompanhamento da função renal e hepática, além de sinais de depressão respiratória e hipotensão, os quais caracterizariam superdosagem da medicação administrada (Rang et al., 2004).

Os opioides são analgésicos potentes, promovendo analgesia e anestesia satisfatórias quando empregados em dosagens equipotentes e considerado o suporte principal para o tratamento da dor moderada a intensa. Nos pacientes em que a dor é o principal disparador de excitação, os opioides geram sedação por suas ações analgésicas. Na prática clínica, é frequente observar a potencialização dos efeitos sedativos quando combinados com benzodiazepínicos. Pode gerar depressão respiratória, náuseas, vômitos, constipação e euforia. A depressão respiratória é gerada pela ação direta no centro respiratório do tronco cerebral e é dependente da dose administrada, podendo ocasionar parada respiratória. A carga rápida de opioides pode produzir rigidez torácica, um evento transitório, mas que pode obrigar o uso de relaxantes musculares para permitir a ventilação. Como a maioria dos opioides deprime o tônus simpático, consequentemente, poderá ocorrer hipotensão e bradicardia. No trato gastrintestinal, essas drogas atuam diminuindo a secreção do ácido clorídrico e a mobilidade gástrica e intestinal. Além da observação frequente das funções renal e hepática, o acompanhamento de sinais como hipotensão e bradicardia é função do enfermeiro no monitoramento da terapia com opioides (Mendes, 2005).

A heparina é um anticoagulante amplamente empregado na profilaxia de trombose venosa profunda de pacientes acamados e na terapêutica para casos indicativos de anticoagulação plena, como o tromboembolismo pulmonar (TEP).

O efeito colateral mais significativo é o sangramento, o qual é potencializado por anti-inflamatórios não esteroides (AINEs), ácido acetilsalicílico (AAS), clopidogrel e ticlopidina. Cabe ao enfermeiro o acompanhamento dos níveis de tempo parcial de tromboplastina (PTT) para administração segura e monitoramento eficaz. A padronização dos horários de administração da heparina de baixo peso molecular (HBPM), geralmente às 18 horas ou às 6 horas, próximo à passagem de plantão e do fechamento de registros e balanço hídrico, contribui de forma efetiva para o não cumprimento da recomendação de checagem prévia do PTT (Clayton e Stock, 2006).

A varfarina é um anticoagulante potente, que atua inibindo a atividade da vitamina K, necessária para a ativação de vários fatores de coagulação; dessa forma, impede a formação de trombos. Entre os efeitos colaterais, destaca-se o sangramento, potencializado por medicamentos como amiodarona, cimetidina, cetoconazol, fenitoína, omeprazol, propranolol e sinvastatina. A checagem do INR (International Normalized Ration) é essencial para a eficácia do monitoramento depois da administração da medicação e para eventual correção ou até suspensão da dose (Clayton e Stock, 2006).

A insulina acarreta efeitos colaterais amplamente documentados, sendo os mais importantes a hipoglicemia, que, se não for tratada, pode causar danos cerebrais irreversíveis. Considerando a administração de insulina uma prática comum da equipe de enfermagem em UTI, tanto subcutânea quanto em infusão venosa contínua, o monitoramento de dados laboratoriais faz-se essencial para o controle efetivo de sua terapêutica. O controle dos níveis glicêmicos por meio da dosagem sérica de glicose é a principal recomendação no controle da insulinoterapia e, em diversas ocasiões, não é seguida; o principal meio adotado para o controle da glicemia é a medição por meio da glicemia capilar. Essa técnica não se mostra completamente confiável, pois a alteração da permeabilidade capilar pode provocar diferença nos níveis de distribuição plasmática da glicose (Clayton e Stock, 2006).

O IHI (2012) padronizou uma lista de eventos adversos, aplicada para ambientes hospitalares e de cuidados de adultos, e os critérios de rastreamento que os hospitais e as organizações têm usado para analisar se ocorreu um evento adverso. Essa lista encontra-se no Quadro 5.1.

Quadro 5.1 – Eventos adversos monitorados pelo IHI

| Medicamento | Critério rastreador | Processo de identificação do dano |
|---|---|---|
| Difenidramina (benadryl) | Prescrito como antialérgico. | Se foi usado para os sintomas de uma reação alérgica a medicamento prescrito durante a internação, verificar qual pode ter causado a alergia e qual o dano causado. Descartar se houve indicação como sonífero, preparo pré-operatório, alergias sazonais, pré-medicação. |
| Vitamina K | Prescrito como tratamento a um tempo de protrombina ou INR elevada. Detectar nos resultados de laboratório os valores depois do uso do medicamento e constatar normalização do INR. | Avaliar se houve algum sangramento, queda de hematócrito, melena ou teste positivo para evidências de hemorragia gastrintestinal ou hematomas excessivos. |
| Flumazenil | Prescrito como antagonista dos diazepínicos. Procurar se algum diazepínico foi prescrito e qual foi para avaliar suas características farmacocinéticas. | Avaliar se depois da administração do medicamento houve hipotensão, sedação prolongada, e se com a administração do flumazenil o paciente melhorou. |
| Antieméticos: droperidol, zofran, fenergan, metoclopramida | Se foi prescrito para o paciente que apresenta náuseas e vômitos subitamente (particularmente, em pacientes com função renal comprometida). Avaliar se o paciente está usando teofilina ou outro que possa estar associado a náuseas. | Descartar se o paciente está no pós-operatório, se faz uso de quimioterapia. Avaliar se depois do uso do antiemético houve melhora sem a mudança da prescrição de medicamentos. |

Continua

Continuação

| Medicamento | Critério rastreador | Processo de identificação do dano |
|---|---|---|
| Naloxona (Narcan) | Prescrito como antagonista de opioides, prevenindo efeitos indesejáveis, como depressão respiratória, sedação e hipotensão. | Avaliar se o paciente usou narcótico e qual a dosagem. Avaliar se houve tentativa de suicídio. Avaliar se o paciente está em pós-operatório. Na ausência de narcóticos, o Narcan não apresenta ação farmacológica. Descartar se o paciente é dependente físico de narcóticos, já que estes induzirão sintomas de abstinência. |
| Antidiarreicos: Kaopectate, imosec | Prescrito para pacientes sem alterações ds flora intestinal com vários episódios de evacuação ao dia. | Descartar infecções causadas por *Clostridium difficile*. Avaliar se o paciente usa antibiótico e se a diarreia começou depois da internação. |
| Poliestireno de sódio Kayexalate | Prescrito no tratamento da hiperpotassemia. | Descartar se o paciente é ou está renal crônico ou agudo. Avaliar se o paciente recebeu potássio. |
| Glicose sérica menor de 50 mg/dL | Prescrito em casos de hipoglicemia. Detectar os valores nos resultados de laboratório. Usar preferencialmente exames não capilares para controle do nível. Verificar se a glicose foi dada por via oral ou venosa. | Avaliar se paciente é diabético e de qual tipo. Avaliar a presença de situações que possam comprometer o quadro de glicemia, como sépsis. Avaliar as dosagens de hipoglicemiantes recebidas e correlacionar com exames posteriores. Dano: letargia, tremores, confusão mental. |

# » Referências

ASHP. *Suggested definitions and relationships among medication misadventures, medication erros, adverse drug events and adverse drug reactions*. 1998. Disponível em: <http://www.ashp.org/public/proad/mederror>. Acesso em: 02 abr. 2007.

Anvisa. *Glossário de definições legais*. 2009. Disponível em: <http://www e-glossario.anvisa.gov.br/>. Acesso em: 02 abr. 2007.

Cohen, M. R. *Medication errors*. 2. ed. Washington: American Pharmacistis Association, 2007.

Clayton, B. D.; Stock, Y. N. *Farmacologia na Prática da Enfermagem*. 13. ed. São Paulo: Elsevier; 2006.

IHI. *How-to Guide*: prevent harm from high-alert medications. Cambridge, MA: Institute for Healthcare Improvement, 2012. Disponível em: <http://www.ihi.org/knowledge/Pages/Tools/HowtoGuidePreventHarmfromHighAlertMedications.aspx>. Acesso em: 14 dez. 2012.

ISMP. *ISMP list of higth-alert medication*. 2007. Disponível em: <www.ismp.org>. Acesso em: 02 abr. 2007.

Kohn, L.; Corrigan, J.; Donaldson, M. E. *To err is human*. Washington: National Academy Press, 1999.

Mendes, W. et al. Revisão dos estudos de avaliação da ocorrência de eventos adversos em hospitais. *Rev. Bras. Epidemiol.*, São Paulo, v. 8, n. 4, dez. 2005 [on-line].

NCC MERP. *Taxonomy of medication errors*. 2001. Disponível em: <http://www.nccmerp.org/public/aboutmederror.htm>. Acesso em: 02 abr. 2007.

OMS. *The Conceptual Framework for the International Classification for Patiente Safety*. v. 1.1. Final Technical Report and Technical Annexes, 2009.

_____. *World Alliance for Patient Safety*. Forward Programe 2006-2007. 2006.

Pepper, G. A. Error in drug administration by nurses. *Am. J. Health Syst. Pharm.*, v. 52, n. 4, p. 309-14, 1999.

Rang, H. P. et al. *Farmacologia*. 5. ed. Rio de Janeiro: Elsevier, 2004.

Reason, J. *Human Error*: Models and Management. BMJ, v. 320, 2005, p. 768-70.

Rosa, M. B. *Erros de medicação em um hospital de referência em Minas Gerais*. 2002. Dissertação (Mestrado em Medicina Veterinária) – Universidade Federal de Minas Gerais, Belo Horizonte, 2002.

Rosa, M. B.; Perini, E. Erros de medicação quem foi? *Rev. Assoc. Med. Bras.*, v. 49, n. 3, p. 335-41, 2003.

Vincent, C. *Segurança do Paciente*: orientações para evitar eventos adversos. São Caetano do Sul: Yendis, 2009

Winterstein, A. G. et al. Preventable drug-related hospital admissions. *Ann. Pharmacother*, v. 36, p. 1238-48, 2002.

# 6

## Ensaio sobre a finitude e a morte

>> *Sergio Mello Guimarães*

Ao ser convidado a participar de uma obra, ou quando escreve uma obra supostamente sua, o autor precisa ter ciência de que sua verdade, ou verdades, representa apenas seus significados, suas crenças e seus costumes. Além disso, todo teor e conteúdo de sua obra já não lhe pertencem de modo individual, mas a todos que porventura a leiam ou tenham contato – mesmo que indireto – com ela.

A apresentação do tema *finitude, o morrer e a morte*, inerentes à condição e à tragédia humanas, objetiva provocar reflexões e, quiçá, debates e *brainstormings*[1] tão necessários a todos nós, profissionais da saúde, ou mesmo de outras áreas do saber em geral.

Elaborar um texto com pequenos grandes retalhos costurados com base na percepção, na vivência e em simbolismos de diversos pensadores de todos os tempos até o presente, de outras pessoas comuns, como todos nós, e de alguns artigos que também trilharam esse mesmo caminho, carregado de medos, tabus e preconceitos, acabou tornando o texto mais atraente e intrigante. Como diz o

---

[1] *Chuva de ideias*, em tradução livre.

poeta pernambucano João Cabral de Melo Neto (apud Tavares, 2009, p. 13): a inspiração é um incômodo; é "uma pedra de nascença" que "entranha a alma".

O que dizer então sobre procurar inspiração para pensar e falar sobre a finitude, que mostra de maneira cabal nossa fragilidade e miséria, sobre o processo do morrer – inexorável e impiedoso – e sobre a morte – nossa única certeza absoluta –, além de outros temas correlatos?

Para que o texto não ficasse divagando tal qual um funâmbulo selenita,[2] ele não é único, isto é, escrito de maneira contínua – o que erroneamente o apresentaria como uma vestal –, dono da verdade. Desse modo, o texto encontra-se subdividido em uma temática central e em temas correlatos, mostrados em partes – correndo um grande risco de produzir um anacoluto esquizoide – para que pudesse provocar a reflexão, em especial a de profissionais da saúde que não foram, em sua maioria, preparados para lidar – na verdade, nem para refletir a respeito – de forma natural com as questões aqui apresentadas. Será que só teremos liberdade de abordar esses temas quando estivermos mais próximos da morte? E sobre o processo de morrer, nosso, dos nossos e dos outros?

Segundo Nietzsche (2011, p. 9), "mesmo o mais corajoso de nós raras vezes tem a coragem para o que realmente sabe...".

Bem, assim prosseguimos então refletindo, lendo e escrevendo... novamente refletindo... reescrevendo... – como disse Kierkegaard (2010, p. 9), "no maior silêncio e com a euforia apaixonada do enamorado que busca sempre a solidão". É necessário ter a consciência de que a repetição faz que esses fatos positivos estimulem novas reflexões, discussões e pesquisas.

Devemos saber também que tudo o que dizemos, que o nosso discurso pertence unicamente à nossa própria verdade ou ao que chamamos de verdade. Dessa forma, estas linhas foram escritas na esperança de que alguém leia e possa ao menos refletir sobre alguma coisa que perceba de interessante durante a leitura.

---

[2] Habitante hipotético da Lua, que paira sobre as nuvens.

Assim, o objetivo principal deste texto é contribuir para o debate, a discussão reflexiva e, quiçá, para a construção de novos olhares para essas questões, possibilitando o engendramento de novas ações – seja ou não na área da saúde –, e para a desconstrução de antigos paradigmas em todos nós que lidamos com o ser humano em toda sua inefável e grandiosamente bela complexidade.

## 6.1 Finitude e morte

> A palavra finitude quer dizer "finitos". Todos os seres vivos são seres finitos. Isto quer dizer que todos morremos; que temos um final. Somos seres finitos em quê? Será que a morte é o nosso único fim?
>
> Será que só percebemos a nossa própria finitude quando alguém muito próximo a nós morre? Como convivemos com o simples conhecimento de que nossa vida se extinguirá de modo irreversível e inexorável? Como aceitar que as folhas amarelecem e caem para que a árvore possa respirar e outras folhas possam nascer? (Machado, 1999)

Machado (1999) analisa a dificuldade de aceitação da finitude e de que a morte está à espreita, pode chegar a qualquer momento. O autor mobiliza-nos à reflexão sobre a nossa finitude e sobre a certeza inexorável de que um dia iremos morrer.

Na verdade, o sofrimento, a necessidade, o destino e a morte fazem parte da vida, e não podemos separá-los do viver sem destruir o sentido da vida e sua significação em si mesma.

O fato é que a vida se apresenta como a fona, uma centelha que rapidamente se extingue no ar e pode ou não ser fulgurante.

O Papa João Paulo II falou da insensibilidade dos povos do nosso tempo em relação às últimas coisas que são: a morte – e o julgamento final –, o Céu e o Inferno. Para ele, há uma mentalidade circunscrita e orientada para o prazer com as coisas mundanas, terrenas (Bunson, 1997).

Somos seres finitos com infinitas possibilidades de escolhas. Estamos constantemente fazendo escolhas, durante todo o tempo de nossa vida, e é exatamente esse movimento que dá significado à vida. Assim sendo, cada vez que escolhemos algo, deixamos de escolher outros objetos, outras pessoas, outras opções, outras coisas (Rego e Palácios, 2006). É a vida seguindo seu caminho!

Apesar de representar toda a nossa fragilidade e limitações, o fato de sermos seres finitos nos possibilita viver intensamente o que escolhemos, num movimento positivo de vida, construindo e desconstruindo novos planos e novas ações. Heidegger (apud Hatab, 2007) afirma que "nos desesperamos pelas escolhas que não fizemos, pelas que poderíamos ter feito e, paradoxalmente, pelas que fizemos".

Martin Heidegger, um dos principais próceres da fenomenologia, com origem nas percepções e nas angústias de Husserl, fundamentalmente nos apresenta a angústia – que nada mais é que uma manifestação da abertura ao mundo do ser humano – como principal responsável por todo esse processo de viver e de morrer, num movimento de transcendência finita. É essa que nos permite acontecer, descobrir, construir, sonhar. Heidegger (apud Hatab, 2007) pensou diferentemente acerca da morte, percebendo-a não apenas como fato biológico, acabamento material do ser humano, mas como autêntica possibilidade que abre o *espírito humano* para a existência, como "possibilidade que possibilita outras possibilidades".

É possível pensar dessa maneira quando antecipamos a nossa morte, ou seja, quando passamos a reconhecê-la como uma possibilidade que, por ser a única insuperável, torna todas as outras possibilidades indefinidas, abertas, que podem ou não se realizar. Assim, a morte apresenta-se como possibilidade, e não como realidade. Desse modo, afirma-se a autenticidade da morte como possibilidade e o *espírito humano* vinga-se, pela antecipação de sua própria morte, lançando-se num mundo repleto de inúmeras possibilidades abertas (Hatab, 2007).

A morte, continua Heidegger (apud Hatab, 2007), repete-se em cada situação de escolha; é um aviso de que há fim implícito em tudo que fazemos. E esse fato não deve ser entendido com uma visão pessimista, mas, sim, com uma visão otimizada de cada escolha que estaremos por fazer durante nossa vida. Todas as escolhas que não fazemos, os planos que não realizamos, os sonhos não sonhados, os ideais não concretizados morrem, mas possibilitam o continuar escolhendo, planejando, sonhando, idealizando, vivendo.

Assumir a morte como possibilidade presente a cada instante é gerar a possibilidade de ser livre e criativo. Muito mais que finitos, somos livres para escolher, com toda angústia inerente a esse processo – constante e renovável –, que se faz mutável e transcendente durante toda a vida. Quando escolhemos conscientemente o que estamos perdendo, e sabemos ganhando e para que estamos escolhendo, somos sujeitos de nossa existência. Assim, poderemos morrer e deixar morrer, dizendo a nós mesmos e ao mundo que foram feitas as melhores escolhas até aquele momento.

A morte ainda é vista por nós, profissionais da saúde, como um dissonante fracasso, incapacidade ou incompetência, uma vez que fomos formados, nas forjas acadêmicas, para combatê-la de todos os modos.

## 6.2 Como você convive com a morte e o morrer?

Tal visão distorcida acaba por interferir em nossa reflexão acerca da morte – em especial na referente ao paciente – e mesmo impedi-la de acontecer. Na verdade, a morte é uma questão implícita na prática e na formação dos profissionais da saúde, mas é cabal a existência de uma tendência de restringir sua discussão aos aspectos meramente técnicos, seja na assistência à saúde, seja nas ações de saúde pública.

A psiquiatra de origem suíça Elisabeth Kübler-Ross (2005) desperta-nos para a necessidade de educarmos-nos para a morte, contra o tabu social instituído que marca a prática da sociedade, em geral, e dos profissionais de saúde, em particular, nos cuidados ao doente em fase terminal. Dessa forma, a morte, o processo de morrer e todas as questões subjacentes ficam reduzidos aos estudos dos gráficos e das estatísticas, mantendo entre os indivíduos atitudes e práticas anacrônicas e incipientes, contrapondo-se ao adágio popular de que a morte é a única coisa certa na vida.

Assim, podemos considerar que é a consciência da própria morte o que nos humaniza, o que nos torna capazes de contribuir para o melhor viver de todos. A maneira pela qual percebemos determinada situação está diretamente ligada à nossa atitude e também à nossa reação diante desta.

A Psicologia da Gestalt, cuja máxima ensina-nos que o todo é maior e diferente da soma de suas partes, incorpora conceitos fundamentais ao processo de percepção. Entre esses conceitos, neste momento, cabe destacar o de figura e de fundo, no qual a "figura" é o elemento mais em relevo e o "fundo" é o complemento deste, dependendo – é claro – de nossa percepção, em que esses elementos trocam de posição, permitindo uma visão mais clara e essencialmente diferente de nossas primeiras impressões. Dessa maneira, uma questão torna-se emergente no afã de manifestação: de que modo se percebe o doente? Destacando a doença em detrimento do que ele é e de tudo o que representa, ou o percebemos como um indivíduo singular na pluralidade, como "figura primordial" de nossa percepção? A mesma questão de outra forma: na percepção discutida, quem é a "figura" e quem é o "fundo", em sua percepção?

Pode-se afirmar, é verdade, que, ao priorizar a doença em um primeiro momento, faz-se isso para preservar o paciente. Ocorre que essa atitude proativa, na verdade, denota e significa exatamente a percepção positiva centrada na pessoa que se encontra naquele momento acometida por uma doença. É impressionante, e também inquietante, o fato de que cada pessoa percebe de uma forma própria, individual. É preciso haver respeito a esse direito inalienável, que pertence só a cada um de nós.

Nesse sentido, nossa conduta ética está situada na educação e no exemplo positivo, com o objetivo de contribuir para que a pessoa possa perceber tudo de belo que existe, vislumbrar os aspectos positivos presentes nas situações. As formas de percepção – que são maiores e também podem ser diferentes das percepções – dizem respeito às nossas idiossincrasias, em qualquer situação por mais simples e cotidiana que seja – incluindo aí nossos gostos, nossas manias, nossas opiniões, nossas dúvidas e certezas, nossa vida.

É preciso que tenhamos uma percepção do *todo* e não fiquemos presos às visões tacanhas e padronizadas que se mostram esquizofrênicas, isto é, fragmentadas, perdidas e obnubiladas – confusas e desprovidas de sentido. A maneira pela qual percebemos a morte e todas as representações que fazemos do fato de que morreremos algum dia devem permitir que tenhamos uma percepção positiva e mais assertiva da vida e do maravilhoso processo de viver a vida em plenitude. Nessa percepção, tanto a "figura" quanto o "fundo" surgem na forma de um único elemento: a vida. A morte já está definida e irá acontecer em algum tempo. Já a vida depende de nossa capacidade artística e criativa de vivenciá-la em plenitude.

## 6.3 Morte como pena e castigo

Em 1848, ano em que diversos países europeus experimentavam uma série de movimentos revolucionários, a França foi palco da criação da Segunda República, conquistada pela união de adeptos do voto universal e um grupo socialista combativo, com a liderança de Louis Blanc (Dostoiévski, 2006). Na Rússia, grupos organizados discutiam ideias e formulavam planos para também contribuírem com as transformações sociopolíticas.

Fiódor Dostoiévski, que tinha as mesmas aspirações, participava de um desses grupos, apesar de não ser, de forma alguma, um revolucionário socialista. Porém, Nicolau I – czar desde 1825 –, informado por um espião infiltrado, mandou prender a todos, os quais posteriormente foram julgados e condenados à morte. Felizmente, o czar comutou a pena para prisão e trabalhos forçados nas temidas celas da gelada Sibéria (Dostoiévski, 2006). Lá, Dostoiévski brindou-nos com *Recordações da casa dos mortos*, considerada sua obra-prima, e posteriormente gravaria para sempre seu nome entre os grandes da literatura universal com outras grandes obras. Imaginemos se Nicolau I não engendrasse aquele brilhante movimento no jogo político – que marcou profundamente a vida de Dostoiévski –; o mundo não teria aprendido com o genial escritor. Sugere-se a leitura desse livro, que narra a vida nas prisões pelo mundo afora, o que, de diversas maneiras, tem significados semelhantes à morte.

Em alguns lugares do mundo, ainda se pratica a pena de morte para diversos crimes, mesmo os que não envolvam necessariamente a morte de outrem, numa espécie de reedição – ou continuidade – da Lei de Talião, "olho por olho, dente por dente".

Tal prática é totalmente perversa, covarde e absurda, pois o risco de se assassinar um inocente é enorme, além de sempre presente. Sugere-se assistir ao filme *À espera de um milagre*, estrelado por Tom Hanks, em que um inocente, após sofrer toda sorte de injustiças, humilhações, torturas físicas e psicológicas, acaba desejando (ou escolhendo) morrer na cadeira elétrica, como uma espécie de expiação pelos crimes do mundo e libertação de sua alma contrita e cansada de carregar tão pesado fardo, tão pesada cruz. Ficção ou dura verdade que teimamos em refutar?

Imaginemos, horrorizados, haver a pena capital em nosso país!

Não! Talvez seja melhor nem imaginarmos, a não ser para combater essa ideia tão infeliz e absolutamente desprovida de sentido positivo.

Todos os dias, em algum canto do planeta, alguém morre por desejo de democracia, em defesa de uma causa importante ou para defender a vida de outra pessoa ou, simplesmente, por desejar algo diferente do que é imposto pelo poder local. Esse fenômeno está estampado e derramado em inúmeras páginas de jornais e revistas mundo afora. Em alguns países árabes, observaram-se as populações saindo às ruas, exigindo liberdade de escolha de seus dirigentes e a saída de déspotas que se mantêm no poder há muito tempo. Essas manifestações são reprimidas e inúmeras pessoas são sumariamente assassinadas ou desaparecem sem deixar vestígios.

Esses fatos se tornaram ainda mais marcantes no Egito – o antigo ditador foi condenado à prisão perpétua – e na Síria, onde o déspota sucessor não admite a democracia ou qualquer forma de divisão do poder, mas apenas manter sua tirania e colher vultosos frutos na forma de riquezas acumuladas, depositadas em paraísos fiscais. Enquanto isso, aumenta a pobreza do povo.

Chegamos mesmo a desejar e a torcer veementemente pela morte, por exemplo, de supostos criminosos: durante a retomada do Complexo do Alemão e da Vila Cruzeiro, centenas de pessoas foram flagradas por helicópteros subindo uma trilha entre as comunidades, tornando-se alvo fácil das forças governamentais envolvidas na ação. Felizmente, não foram atacadas.

Infelizmente, quase certamente continuarão a praticar os crimes que cometem em busca de alguma compensação para a miséria e a marginalização, ou simplesmente por ambição, crueldade e dinheiro fácil. Logo depois, um grande número de pessoas – moradoras das comunidades ou de outras regiões da cidade – entrevistadas por diversos meios de comunicação, afirmou categoricamente que gostaria que a polícia não tivesse perdido a oportunidade de "exterminar" um grande número de facínoras que impunha um clima de terror nas comunidades.

Um desejo veemente de que todos os bandidos fossem mortos, dizimados, levando consigo todos os erros, as culpas e os males de nossa sociedade. Uma sociedade injusta e cruel nas formas de oportunidades e investimentos, mais voltada para as relações do ter a qualquer preço. Exemplo claro desse movimento vicioso e alienante é o sistema de cotas disso e daquilo, que acaba por exacerbar as diferenças que essencialmente são fundamentais. Proporcionar sistemas de saúde e educação universais e de qualidade é um dever e, sobretudo, um direito de todos nós.

Matar os que vivem à margem das leis – com os inocentes que simplesmente vivem próximos a eles – é o remédio certo, a solução para acabar com todos os crimes ou ao menos minimizá-los? Não! Claro que não! Dizemos eu e muitos outros. E você?

Outro triste acontecimento foi a "entrega à tortura e à morte" de três rapazes moradores da Providência, supostamente feita por militares aos marginais de outra comunidade dominada por facção criminosa inimiga.

Diversos são os paradoxos na relação do ser humano com a morte propriamente dita e com a certeza de morrer. Desde tempos imemoriais promovemos guerras e mais guerras por quaisquer motivos. Milhões e milhões de pessoas já morreram e continuam morrendo, sem nenhuma culpa ou mesmo sem relação, a não ser pelo fato de estarem na linha de tiro ou no lugar onde as bombas e os mísseis caem...

Pessoas, dezenas de pessoas mortas num domingo, enquanto se divertiam em um piquenique numa ilha do Pacífico. Nesses ataques, pilotos suicidas arremessaram seus aviões contra os navios e bases inimigas, muitas vezes por não terem combustível suficiente para voltar aos porta-aviões dos quais iniciaram tamanha insanidade.

A estupidez das guerras do Vietnã e da Coreia; as guerras civis em vários pontos da África, que há mais de cinquenta anos destroem a vida de pessoas de todas as idades e nas quais, se não morrem atingidas por balas e bombas, crianças morrem ou ficam mutiladas ao pisarem em minas que infestam grande número de campos e jardins onde simplesmente brincavam... O que podemos pensar sobre o holocausto? Quantas vezes irá se repetir o 11 de Setembro? Isso será necessário?

As novas tecnologias e os enormes e inúmeros avanços na área da Saúde, impensáveis até há pouco tempo, permitem curar diversas doenças e prolongar a vida de pessoas antes condenadas à morte. Em contrapartida, milhões de pessoas têm o acesso negado a esses serviços de saúde e são simplesmente colocadas à margem desses novos tratamentos, enquanto aguardam a chegada da morte por doenças que, nos países ricos, já não matam há muitos anos. No Brasil, mesmo com tantas riquezas naturais, fartura de produção de grãos e grande volume de exportações, experimentamos todas as mazelas possíveis, devido, em especial, à corrupção que, desde o chamado "descobrimento", vigora em todos os poderes.

Esses são alguns exemplos entre tantos que fariam que permanecêssemos páginas infindas de relatos de violência e verdadeira banalização da morte. Como, então, desejamos a todo instante fugir da morte e ao mesmo tempo trazê-la para bem perto de nós? Não podemos esquecer que fatos como esses acontecem o tempo todo, no mundo inteiro, em países pobres e ricos, em todas as classes sociais, bem do nosso lado e sob nosso medo e pavor diante dos absurdos. É impressionante a quantidade de armas existentes no mundo e mais impressionante ainda é a facilidade de obtê-las.

No Brasil, as campanhas pelo desarmamento ocorrem constantemente, no entanto, a quantidade de armas que entra clandestinamente por nossas quilométricas fronteiras é impressionante. Impressionante, também, é a existência dos "esquadrões da morte", e pessoas são marcadas para morrer e logo assassinadas, pelos mais variados motivos. Também assistimos todos os dias às vidas ceifadas precocemente em tiroteios, atingidas por balas dirigidas ou perdidas.

É muito duro e doloroso assistir à morte de crianças que estão iniciando uma vida, já muito sofrida pelas desigualdades gritantes, mas ainda repleta de sonhos e fantasias sobre um mundo perfeito onde as pessoas convivem em harmonia, respeitam as diferenças inerentes à condição humana e o amor solidário é base consolidada das relações sociais.

## 6.4 Rituais pós-morte: enterros

Gigantescas pirâmides guardam os restos mortais de outrora poderosos faraós do antigo Egito, pois há milhares de anos são fragmentos de ossos mumificados em processos químicos que impressionam os cientistas pela eficácia na conservação dos restos mortais, permitindo a realização de estudos e pesquisas sobre tão marcante fase da humanidade.

Símbolos do poder supremo naquela época, as pirâmides, atualmente, como monumentos colossais, têm sua importância maior em si mesmas – como ponto turístico – que no faraó que ali foi enterrado.

Em inúmeros cemitérios – chamados também de "campo santo" – há mausoléus luxuosos que simbolizam a riqueza material do morto. Nesses lugares, encontramos também outros jazigos mais simples – porém, na maioria das vezes, mais ornamentados com flores –, nos quais repousam corpos de várias pessoas daquela família. Ali ficarão até que outro morra e seja ali enterrado. Nessa ocasião – o ritual da exumação –, os restos mais antigos são transferidos para caixas plásticas e novamente colocados no túmulo. Simples caixas plásticas que usamos para limpeza da nossa cozinha ou como carneiros para colocação de terra e plantas.

Os nomes dos mortos ali pranteados e enterrados são colocados das mais variadas maneiras: em letras douradas ou prateadas, em placas de mármore ou de granito, em singelos retratos chorosos e saudosos. Nesse mesmo local, há gavetas próprias a esse fim, colocadas normalmente em grandes muros que cercam os túmulos. Uma ao lado da outra... Um novo endereço... Uma nova morada... Em todos os casos há um número identificador do "morador", sua "nova identidade", um registro geral diferente do anterior.

Legalmente, em especial para fins de herança, o indivíduo morto passa a ser considerado um espólio, um conjunto de haveres e deveres. Acabamos, então, reproduzindo os mesmos costumes e valores cotidianos, mantendo, assim, os rótulos antigos e acrescentando outros aos mortos. Será uma tentativa, deveras ilusória, de colocar a morte em um lugar mais distante de nós, no tempo e no espaço?

Outro costume que cresce muito entre as famílias é o ritual da cremação, considerado mais higiênico e com a vantagem de não acumular túmulos em cemitérios. Em diversos municípios brasileiros, em especial nos grandes centros urbanos, a escassez de cemitérios – mesmo com a construção de cemitérios verticais – é enorme, minimizada pelo surgimento de cemitérios-parque e pelo aumento do número de cremações.

O desejo de ser cremado e de ter as cinzas jogadas no mar ou enterradas em uma floresta também é expresso por grande número de pessoas. Muitos ainda preferem os enterros à cremação, pois acreditam existir uma espécie de proibição religiosa para a queima do corpo, além de manterem o costume de ir ao cemitério no dia de finados.

Sem vergonha de colocar minha decisão ao questionamento de quem lê estas linhas, prefiro ter meus órgãos transplantados – se possível, é claro – e o que restar gostaria que fosse usado para pesquisas. A doação de órgãos é um processo cada vez mais eficaz; o ato de contribuir decisivamente para a manutenção da vida de uma pessoa é absolutamente fantástico, deve ser refletido e estimulado em todos. Além de tudo isso, a doação de órgãos e o posterior transplante significam uma grande vitória sobre a morte.

É claro que essa atitude não pode ser imposta a ninguém, mas precisamos fazer campanhas sistemáticas para incentivar essa prática. Se você não tem motivos religiosos ou outros, já pensou em se tornar um doador? Uma dica, com sua licença, é claro: pode-se começar doando sangue – respeitando as regras para a doação – e doando também a medula óssea. Você não pode perder – se já tiver lido, releia – a oportunidade de deleitar-se com Brás Cubas – personagem do livro *Memórias póstumas de Brás Cubas*, escrita pelo imortal Machado de Assis.

Ao saborearmos, por exemplo, o livro de Sêneca *Sobre os enganos do mundo*, deste filósofo que nasceu no ano 3 a.C. e morreu no ano 65 d.C. – segundo a contagem que fazemos baseados em *cronus* –, teremos contato com uma obra que transcende à temporalidade. "[...] nada há na mais longa duração de tempo que não possa ser encontrado no período de um dia e uma noite" (Sêneca, 2011, p. 10), fazendo-se contemporânea mesmo após quase dois mil anos!

Todos são, de alguma maneira, nivelados pela morte, e esse processo muitas vezes se inicia pela não aceitação do envelhecer e pelo uso de subterfúgios ansiosa e tragicamente perseguidos por nós. Entretanto, os efeitos desse movimento são efêmeros e só mascaram a verdadeira e certamente derradeira verdade de que a morte é o único fim possível.

É claro que uma dose de vaidade – na forma de valorizar a si mesmo – e de amor-próprio são essenciais e sabidamente importantes, fundamentais para a motivação e a vivificação da vida. Ademais, não é só a morte, como fim único e universal, que nivela a todos, as doenças – em especial as consideradas terminais – e a loucura de viver uma vida voltada apenas para o consumo ávido do ter; uma vida autofágica nas relações frágeis e desprovidas de vínculos afetivos agregadores também nivela a todos, condenando todos nós à servidão e à morte ainda em vida.

Também uma grande obra, uma obra-prima, que nos faz refletir intensamente sobre uma dura realidade: *Morte e vida severina*. Em versos e palavras carregados de verdade e de sabedoria, João Cabral de Melo Neto desnuda várias das faces e facetas de Pernambuco e do Brasil: "E se somos Severinos iguais em tudo na vida, morremos de morte igual, mesma morte Severina" (Melo Neto, 2009, p. 100).

A morte, e mesmo a certeza dela, nivela-nos, iguala-nos, da mesma maneira que a doença e a loucura o fazem. Sendo assim, e exatamente por isso, remetemo-nos à ideia de que, de alguma forma, prosseguimos vivendo nos signos que construímos e deixamos como legado durante a fase terrena, e esse fato muito nos conforta e motiva.

## 6.5 Algo sobre o morrer no discurso cotidiano

Acreditamos que aqui caiba citar algumas expressões que usamos diversas vezes, sem nos darmos conta do uso do termo "morrer": *Estou morrendo de vergonha! Estou morrendo de medo! Estou morrendo de fome! Estou morrendo de sede! Estou morrendo de sono! Estou morrendo de amores! Estou morrendo de saudade! Estou morrendo de raiva! Estou morrendo de remorso! Estou morrendo de frio! Estou morrendo de culpa! Estou morrendo de calor! Estou morrendo de vontade!* Esses são apenas alguns exemplos que, de certa forma, nos incitam a ideia de que o processo de morrer pode ser encarado como realmente natural e simples, presente, mas sem que essa presença incomode ou mesmo seja notada, além de muito menos complexo que nos fazemos perceber e temer.

Falamos e nos remetemos à morte de modo corriqueiro, sem prestar muita atenção a isso, talvez por sabermos que ela está à espreita, e um dia virá, de uma forma que não sabemos e num tempo que não podemos delimitar.

Agora, alguns fragmentos de um inquietante texto de Otto Lara Rezende (apud Militão e Militão, 2000, p. 70): "De tanto ver, a gente banaliza o olhar – vê... não vendo...; [...] um dia o porteiro faleceu. Para ser notado, o porteiro teve que morrer. [...] É por aí que se instala no coração o monstro da indiferença".

Infelizmente, muitas mídias colaboram para a banalização da morte no cotidiano de nossa vida: a televisão, por exemplo, apresenta o tema em filmes, novelas e seriados, em horários que permitem que mesmo crianças assistam a todo um arcabouço de desrespeito e morte. Pesquisa realizada por Kovács (2008) relata que a televisão acaba por influenciar no modo como as pessoas significam a morte, numa realidade violenta e assustadora, pois as crianças são as que mais sofrem com os mais variados crimes (homicídios, estupros e outros mais) escancarados na "telinha".

## 6.6 Religião e morte

A angústia produzida pela certeza da inexorabilidade da morte faz que muitos procurem consolo e conforto em filosofias de vida e na religião, seja numa questão de fé e de crença em Deus-Criador da Vida, seja numa forma de expiação e muleta.

Muitas vezes esse deus – assim mesmo, em letra minúscula – é criado exatamente para ser o depositário de toda a miséria e fragilidade humana; acusado de responsável pelas nossas mazelas e culpado por tudo o que acontece de bom ou de ruim no mundo. A seguir, apresento uma reflexão feita por minha mãe que, neste Capítulo, representa uma visão de uma pessoa que professa a fé católica e que muito me ajudou em minhas elucubrações para a elaboração deste:

> Fomos criados para sermos felizes.
> A vida é um presente de Deus, mas a morte é o fim dessa vida aqui na Terra. Isso nos leva a pensar se devemos fazer planos, ter sonhos, ou se devemos limitar-nos a fazer somente o básico: acordar, trabalhar, comer e dormir.

Nós, cristãos, olhamos tudo com um olhar diferente. Sabemos que se vivermos com dignidade, amando o próximo, sem prejudicar ninguém, falando a verdade e assumindo cada ato nosso, teremos sem dúvida a recompensa de uma Eternidade de Amor.

Quando adoecemos e envelhecemos, pensamos na morte mais vezes porque sabemos que o nosso futuro vai diminuindo...

Qualquer dor, mal-estar, já nos deixa preocupados e tristes.

Olhando a natureza exuberante num dia de sol, ou com a lua iluminando o céu, sentimos que a tristeza toma conta da nossa alma.

Como será morrer e não ver mais tantas coisas lindas?

Devemos cada dia nos preparar para a morte, não com tristeza, mas com sabedoria.

Cristo teve uma morte tristíssima: morte na cruz, mas ele sabia que ia morrer assim. A vida dele de 33 anos foi voltada para o próximo e conhecemos por meio de suas Parábolas a vida que ele levou.

Teve uma Mãe, um Pai adotivo, mas quase não viveu junto deles, pois sua missão era salvar os homens da morte eterna, da vida com finitude eterna.

Por isso a vida deve ser vivida com simplicidade, com humildade, sem muitas riquezas materiais que só servem para despertar inveja e sentimentos maus em várias pessoas.

O fim da vida de um ser que amamos deixa-nos arrasados. O fim trágico de qualquer pessoa toca fundo na nossa alma.

Temos de nos preparar para aceitar a morte, para vivermos esse momento junto dos que amamos e assim poder nos despedir dos nossos entes queridos, sabendo que do outro lado estarão também várias pessoas para acolhê-los e mostrar-lhes seu novo viver.

Quando perdemos alguém devemos pensar que aquela pessoa apenas foi na nossa frente. A dor deve ser vivida; cada um deve procurar fazer o que lhe faz bem,

> mas ninguém pode deixar a dor esquecida. Chorar, rezar, abraçar o corpo da pessoa que morreu; ficar junto dela até a hora do enterro, quando o espírito segue seu novo caminho e nós voltamos para casa.
>
> Eu, quando perdi meu marido e até hoje, gosto de ficar rodeada de suas fotos, de fazer coisas que ele gostava e muitas vezes sinto sua presença, que ele está perto de mim.
>
> A saudade não passa nunca, mas com a força da fé em Deus e do amor de Nossa Senhora, passamos a continuar vivendo a missão que Deus nos confiou. (Lucia Regina Mello Guimarães, mai./jun. 2011)

Há vida após a morte? Se houver, como essa se dá? São diversas as crenças numa vida após a morte e as divergências ficam restritas à forma como se dá esse porvir, esse reviver. O Papa João Paulo II brinda-nos e conforta-nos mais uma vez com este pensamento:

> Como podemos demonstrar nossa fé, nossa esperança e nosso amor de maneira mais lúcida do que nesta hora mais sublime de nossa vida do que mergulhando no amor d'Ele sem qualquer outra garantia além do Seu amor? (apud Bunson, 1997, p. 21)

A filosofia espírita de Allan Kardec, por exemplo, apresenta o fenômeno da reencarnação, que se repete o número de vezes necessárias para purificação e evolução daquele espírito. Dessa forma, há a possibilidade de se recuperar o que de melhor existe no espírito humano: o amor e a caridade. Sugere-se a leitura dos livros *Reparando erros* e *Violetas na janela*.

Já na acepção budista primitiva, o que ocorre é a chamada *metempsicose*, que significa a transmigração da alma, com capacidade ilimitada de transformação e perene conservação. É a alma como uma energia imortal.

Outros pensadores, como Nietzsche, em seu livro *O crepúsculo dos ídolos* – que representa *"um adeus às verdades transitórias"* –, apresenta uma concepção diferente: "Como? O ser humano é apenas um equívoco de Deus? Ou Deus apenas um equívoco do ser humano?". Na obra, ele critica a criação de uma figura representativa de um deus-criador que expurga todos os pecados do homem (Nietzsche, 2011, p. 29).

O filósofo apresenta também a terceira de suas teses:

> Não há sentido em fabular acerca de um "outro mundo", a menos que um instinto de calúnia, apequenamento e suspeição da vida sejam poderosas em nós; nesse caso, vingamo-nos da vida com a fantasmagoria de uma vida "outra", melhor. (Nietzsche, 2011, p. 29)

A tese de Nietzsche critica o uso de uma "outra vida" como um objeto expiatório da atual, como se tivéssemos justificativas em uma vida futura para nossos erros e nossas misérias nesta vida de agora (Nietzsche, 2011).

De qualquer forma, as representações e os simbolismos acerca da morte e do morrer são inúmeras, e diferentes, em especial quanto à existência ou não existência do porvir, do "após ou a partir da morte". Ao longo da história, o ser humano sobreviveu ao traumatismo causado pela consciência da morte e, num movimento compensatório, passou a inventar dispositivos adaptados à visão do mundo de cada época. Primeiro, a magia e a bruxaria, depois a religião – o "re-ligar" com Deus – e, hoje, a técnica, que contém simultaneamente algo de magia e de religião (Jung, 1998).

O grande psiquiatra suíço também nos apresenta e presenteia uma parte de seus profundos estudos a respeito da Alquimia e da vida e morte com base nela: *"Corruptio unius generatio est alterius"* – traduzindo: "A destruição de um é geração de outro". Numa espécie de oposição, segundo Jung "não há equilíbrio nem sistema de autorregulação sem oposição". Nesse sentido, a libido caminha pelo imo profundo – o inconsciente – e, assim, manifesta-se e descobre o imenso manancial de ideias e deuses sem os quais o ser humano não o é (Jung, 1998).

## 6.7 Discutindo o luto e a melancolia

Chamamos de luto a reação normal diante da perda de uma pessoa amada, de um ideal e também da perda da liberdade. Também são situações geradoras de luto: valores emocionais relacionados à mudança de casa ou de país, as separações familiares, de amigos e as conjugais, com a consequente perda de vínculos afetivos. Em geral, o luto produz na pessoa um afastamento em relação às suas atitudes costumeiras em relação à vida.

Todavia, esse afastamento não é patológico e tem duração limitada de permanência – em média, tem a fase principal em até um ano. Em outras palavras, o luto caracteriza-se por um conjunto de reações diante de uma perda significativa e é proporcional ao sentimento de apego ao objeto perdido. Em psicoterapia, diz-se que é fundamental "viver o luto", tornando possível, assim, assimilá-lo à continuidade da vida, substituindo e construindo vínculos.

Em geral, qualquer intervenção em oposição a esse processo é inócua e incipiente, concorrendo em grande prejuízo para o indivíduo enlutado. Esse processo é tão importante que procuramos repeti-lo, se necessário for, durante a psicoterapia, por meio do uso de diversas técnicas.

É necessário destacar que, durante a experiência do luto, a pessoa não tem reduzida sua autoestima e se mantém dentro da realidade da perda do objeto amado e de todo simbolismo que envolve essa perda (Freud, 1917, apud Taniguti, s. d.). Algumas características são bastante evidenciadas nas pessoas em processo de luto:

a opção pela solidão, a ansiedade aumentada aliada à fadiga, os momentos de raiva, de explosão e os episódios de hostilidade (Freud, 1917, apud Taniguti, s. d.). A pessoa parece estar em estado de choque, reclamando de "aperto no peito" e "vazio no estômago", algumas vezes permanecendo prostrada e sem ação. Muitas têm esses comportamentos sem necessariamente chorar muitas vezes ou mostrar claramente tristeza recorrente.

Há escalas para avaliar a gravidade do luto, mas, em geral, sugere-se o apoio da psicoterapia somente após cerca de seis meses do início do processo de luto, ou seja, da perda. Esse apoio normalmente é alicerçado no reforço de atitudes positivas diante da perda, seja na religião/espiritualidade, seja na fé e nas crenças da pessoa, objetivando que ela consiga passar natural e positivamente pelo processo e que este não resulte em transtorno de estresse pós-traumático ou estado de depressão nervosa.

Até aqui, abordou-se o luto como ocorrência não patológica; agora, será abordada a melancolia, que, para um grande número de pesquisadores, caracteriza-se por um estado de depressão sem causa específica e perda de entusiasmo e predisposição para as atividades diárias. Estudos caracterizam a melancolia como elemento presente na depressão maior (Freud, 1917, apud Taniguti, s./d.).

Ao contrário do sentimento de luto, a melancolia é considerada patológica e afeta diretamente as funções básicas do dia a dia de forma considerável. A melancolia assemelha-se ao luto, sem a necessidade de ocorrer uma perda propriamente dita, mas tão só uma perda narcisista. Freud também considerava a melancolia uma "ausência que dói", pela enorme tristeza que parece não ter fim; uma contenção na realização de qualquer tarefa e um desejo de autopunição (Freud, 1917, apud Taniguti, s. d.).

Contudo, mesmo que não se derive de uma perda real, a melancolia provoca diversas outras situações que denotam perdas, em especial as perdas sociais relacitivas aos vínculos afetivos e à autoestima. É extremamente comum percebermos no discurso do "melancólico" expressões como "Não tenho nenhuma utilidade"; "Não sirvo para nada"; "Sou incapaz de fazer alguma coisa bem-feita", "Não faço nada de bom para os outros", "Sou incapaz de amar", entre outras. Os que sofrem de melancolia também imputam a si mesmos alcunhas como "chato" e "irritante", além de se considerarem causadores de todos os seus problemas, imersos em um processo de autoacusação, que resulta em negativismo e apatia diante da vida.

Alguns veem a melancolia apenas como um estado de espírito e algo absolutamente passageiro, com duração efêmera. Considera-se que a melancolia parece aproximar-se do estado de sono, porque ambos conduzem a uma espécie de entorpecimento. Isso explica a confusão que se faz – mesmo no âmbito da psiquiatria – entre a pessoa melancólica e a depressiva. A depressão nesse contexto é uma reação ou resposta à perda, bem diferente da melancolia, na qual a pessoa perde o desejo de viver.

A melancolia é um processo dramático, repleto de sentimentos de autorrepulsa e autorrecriminação. Interessante e, até certo ponto, irônico é que durante a Renascença a melancolia era uma doença "bem-vinda", pois diziam que ela se fazia como uma "experiência singular que enriquecia a alma" e dava ao doente certo *glamour*. Os sinais predominantemente presentes no surto melancólico referem-se ao medo de perder tudo, à sensação de impotência total, à busca da mais completa solidão – a chamada solidão do catre – e ao olhar distante, parecendo nada vislumbrar de bom.

Durante o surto, o melancólico pode chegar mesmo até o completo imobilismo. Também é fato que alguns melancólicos, ao saírem do surto, entrem em uma fase de euforia ou, de outra forma, numa fase de mania. Outros, depois desse período de estupor, tentam o suicídio (Freud, 1917, apud Taniguti, s. d.). Há uma grande polêmica em torno das causas da melancolia. Uma vertente considera que uma disfunção dos neuro-hormônios seja a causadora do surto melancólico. Outras, como a psicanálise, afirmam que a melancolia está ligada a problemas nas estruturas psíquicas da pessoa, e essas são referentes à primeira infância. Para a psicanálise, há uma falha estrutural na constituição do desejo, naquele desejo que move, faz seguir em frente, no referencial transmitido pelos pais, que muitas vezes é aprendido pelo filho de forma negativa (Freud, 1917, apud Taniguti, s. d.).

Muitas vezes, a melancolia aparece associada a outros quadros e tem sua denominação alterada para, por exemplo, depressão melancólica. Apesar de tantas polêmicas acerca dos significados para a melancolia, tem-se em seu tratamento bases muito semelhantes, que conduzem ao uso de antidepressivos e inibidores da serotonina, além de acompanhamento psicoterápico que auxilie o paciente na busca pelas razões de seus sentimentos e sua melhora geral, mesmo que minimamente adaptativa.

É importante ressaltar ainda as comparações que Freud fez entre a natureza da melancolia e o afeto normal do luto. A melancolia parece estar muito mais associada a afecções somáticas que psicogênicas e difere totalmente do luto em relação à autoestima, que neste não se encontra dilacerada. O luto profundo – prossegue Freud (1917, apud Taniguti, s. d.) –, a reação à perda da pessoa que se ama, encerra o mesmo estado de espírito penoso, a mesma incapacidade de adotar um novo objeto de amor e o mesmo afastamento de toda e qualquer atividade que não esteja ligada a pensamentos sobre ele.

Assim, no luto, é o mundo que se torna pobre e vazio, ao passo que, na melancolia, é o próprio ego. O paciente representa-nos seu ego desprovido de valor, incapaz de qualquer realização positiva ou negativa e moralmente desprezível (Freud, 1917, apud Taniguti, s. d.).

É fundamental também se abordar a questão do luto pós-óbito, facilitado quando há um ritual de despedida. As pessoas são quase unânimes ao afirmarem a importância desse ritual, que proporciona a oportunidade da redefinição de relacionamentos e resolução de questões pendentes, além da despedida do paciente ainda em estado de vida, o que se configura como lenitivo no processo de perda do ente querido. Em que consiste, então, o trabalho que o luto faz em nós e em nossa vida? Como percebemos o luto no outro?

## 6.7.1 Estágios do processo de luto de Kübler-Ross

O modelo de Kübler-Ross (2005) propõe uma interessante descrição dos cinco estágios, etapas pelas quais as pessoas passam no processo de luto – especialmente as que se encontram em fase considerada terminal:

- *Negação e isolamento*: constituem mecanismos de defesa do ego contra a dor causada pela perspectiva iminente da morte.
- *Raiva*: surge em virtude da impossibilidade de se manter a negação e por se estar passando por aquela situação.
- *Barganha*: apresenta-se como um segredo que propõe uma troca de algo – caridade ou promessas – que se possa dar para a manutenção da vida; a barganha é uma tentativa angustiosa de adiamento da morte.
- *Depressão*: que passa a predominar quando a pessoa se conscientiza de sua debilidade física, já não consegue mais negar a condição de doença e a perspectiva da morte está mais gritante e presente.
- *Aceitação*: o último estágio, caracterizado pela substituição do sentimento de desespero pela serenidade e pelo repouso no processo de morrer.

Se essas etapas forem alcançadas, em especial a última, o processo de morte pode ser experienciado em clima de serenidade pelo paciente e com conforto, compreensão e colaboração pelos que ficam. Numa cultura determinada a varrer a morte para debaixo do tapete e escondê-la aí, Kübler-Ross desafiou o senso comum ao trazer e expor essa etapa final da existência para que não tivéssemos mais medo dela. Além disso, a compreensão desse processo pode auxiliar o profissional da saúde a entender esses sentimentos e ajudar as pessoas de uma forma mais adequada e humanizada (Kübler-Ross, 2005).

## 6.8 Distanásia, eutanásia e correlatas

Os enormes avanços tecnológicos e científicos verificados especialmente nas últimas décadas na Medicina e em outras ciências da saúde permitiram aumentar o poder de intervenção sobre o ser humano, adiando, assim, sua morte, que traz em seu bojo sofrimento e dor, absolutamente desnecessários para os indivíduos e seus familiares.

A Resolução nº 1.805/2006 do Conselho Federal de Medicina permite ao médico limitar ou suspender procedimentos e tratamentos que prolonguem a vida do doente em fase terminal, respeitando a vontade da pessoa ou de seu representante legal (Fortes, 2007). Esta resolução traz à tona questões éticas que ainda hoje encontram-se ocultas em calabouços de omissão e de desumanização no processo de cuidar e no cuidado efetivamente levado a cabo pelos atores envolvidos no sistema de saúde. É um contraponto à distanásia que se constitui em ação, procedimento ou intervenção por parte da Medicina, que não consegue atingir seus objetivos, não beneficiando o paciente e prolongando seu processo de morte.

A distanásia – o prolongamento da vida por meios artificiais sem aliviar o sofrimento do indivíduo – é, consequentemente, a morte lenta, prolongada, com muito sofrimento e agonia do paciente e de seus familiares. Além disso, a distanásia constitui uma deformidade da conduta médica, pois nega o princípio ético da não maleficência. Em contrapartida, é grande a polêmica que cerca a chamada "boa morte", em especial com o surgimento da bioética em meados do século XX.

Abreviar a vida de uma pessoa doente, considerada sem possibilidades terapêuticas, por ação ou não ação, tem por finalidade ímpar aliviar um insuportável sofrimento, o que, apesar de ir de encontro à sacralidade da vida, é moralmente aceitável para um grande número de pessoas, pelo direito à autonomia e mesmo o chamado livre-arbítrio (Marinho e Arán, 2010).

Algumas características do processo da eutanásia são apresentadas pelos que a defendem como alternativa às práticas distanásicas, destacando: morte sem dor; desejos do paciente sendo respeitados; morte em casa, perto dos familiares e amigos; morrer com dignidade. O direito sobre continuar a vida ou não diz respeito à vontade, que, para Schopenhauer, é o elemento primário – irracional – e não o intelecto – racional – nos seres humanos, à autonomia, e esta, por ser individual e não coletiva, deve ser inalienável, além de promovida por todos nós profissionais da área da saúde ou de qualquer outra que se relacione ao ser humano (Bousso, Poles e Rossato, 2009).

Já o polo contrário apresenta como premissas a sacralidade da vida – uma concessão da divindade – e as éticas cristãs e a tradição hipocrática.

O fato é que diversas pessoas, mesmo depois de serem desenganadas, consideradas num quadro fora de possibilidades terapêuticas, conseguem vencer aquela etapa – tal uma fênix que renasce das cinzas – e se mantêm vivas ainda por um longo período.

As discussões, mesmo controversas, a respeito desse tema são fundamentais, uma vez que cresce de maneira quase vertiginosa a expectativa de vida, e muitas doenças características da velhice têm sua incidência aumentada. Assim, a eutanásia poderá se tornar a única forma de livrar o indivíduo do horrível processo de *morte em vida*, ou seja, um ato de compaixão e tentativa de manutenção de sua qualidade de vida, mesmo no morrer.

Já a ortotanásia é compreendida como *um tempo certo para morrer,* sem a desproporcionalidade dos tratamentos – no caso da distanásia – nem a aceleração do processo de morrer – no caso da eutanásia. A ortotanásia pode ser compreendida, também, como um sinônimo de morte natural e traduz-se na aceitação da condição humana diante da morte (Siqueira-Batista e Fermin, 2005). Mas quem estabelecerá esse momento certo de morrer?

Quanto a esse termo muito pouco usado – mistanásia –, sabe-se que diz respeito à *morte dolorosa e miserável, absolutamente fora de seu tempo* (Siqueira-Batista e Fermin, 2005). De modo geral, pode-se atribuir esse termo aos inúmeros problemas constatados por todo o mundo: à falta de acesso à saúde por enorme contingente da população mundial, ao grande número de erros médicos, à falta de humanização e das práticas dos profissionais da saúde, entre outros. Seja como for, a morte acontece sempre, a qualquer tempo! Deixa-se aqui a sugestão de assistir e debater a temática apresentada de maneira brilhante no filme *Menina de ouro,* em que importantes temas são abordados, colaborando para a discussão fundamental dessas questões.

## 6.9 O processo de envelhecimento e a morte

O altíssimo desenvolvimento tecnológico e das ciências, em geral, tem permitido considerável aumento da expectativa de vida das populações, até mesmo em países pobres e particularmente nos chamados emergentes. Ocorre, no entanto, que as condições de vida de milhões de idosos não acompanham essa evolução, em especial quanto às condições de atendimento em saúde, de inclusão social e dos direitos fundamentais do idoso.

Assim, a questão do idoso em inúmeros países, umbilicalmente ligada à previdência e à aposentadoria, torna-se uma das mais complexas.

No Brasil, não é diferente: nosso sistema previdenciário é caótico, mesmo pagando para a maioria proventos mínimos e aviltantes. Várias vezes deparamo-nos com notícias nas páginas de jornais em que os maus-tratos e a violência contra os idosos se manifestam mais claramente que em muitos lares nos quais permanecem hipocritamente camufladas, disfarçadas e fragmentadas. Nesses locais, muitas vezes batizados com nomes pomposos, os idosos "vivem" em condições subumanas, submetidos a todas as formas de violência e de maus-tratos, além de terem vilipendiados os direitos à aposentadoria, diversas vezes desviada por outrem.

Durante muito tempo esse era o único quadro apresentado como "cuidado à pessoa idosa": verdadeiros depósitos imundos onde os idosos abandonados eram amontoados, à espera da morte. Obviamente, não se nega a existência de clínicas geriátricas com excelente atendimento e cômodas instalações para os internos, mas com mensalidades extremamente caras que praticamente impediam o acesso da maioria dos idosos. Na atualidade, a situação tem melhorado bastante, em especial devido ao surgimento dos centros de convivência e lares geriátricos com boa infraestrutura e preços mais em conta.

Talvez você esteja se perguntando o motivo de se abordar a questão do envelhecimento em uma reflexão sobre a morte e a finitude. Isso se deve ao fato de, desde os primórdios dos tempos, termos o costume de isolar – experimente trocar a ordem das letras na palavra "asilo" – os doentes, os ditos loucos, os leprosos, os criminosos etc. Da mesma forma, os mais velhos têm, pela ordem natural das coisas, maior proximidade da morte. Precisamos asilá-los para que eles levem a morte para longe?

Diversos elementos encontram-se envolvidos nesse processo, identificando – como predominantes –, a busca pela manutenção de vínculos afetivos que os idosos já não encontram mais em sua família, a convivência com outros em situação semelhante e um pouco de qualidade no fim da vida, que pretende resolver, ao menos parcialmente, o problema da solidão (Siqueira-Batista e Fermin, 2005).

## 6.10 A UTI

Ao ser hospitalizada, a pessoa conta com a presença de temores, esperanças e desejos de cura, mesclados à percepção de que a hospitalização lhe trará situação de dependência, insegurança e inferioridade; tudo isso aliado ao medo do desconhecido e dos aparelhos do ambiente hospitalar.

O medo de algum acidente relacionado à terapêutica, bem como a incerteza sobre a competência da equipe profissional, é preponderante e está ao lado do medo da dor e, essencialmente, ao medo da morte.

Além do medo da hospitalização, é primordial que se faça uma pequena abertura para outro "tipo de medo". Várias pesquisas feitas com pacientes e seus familiares constataram a percepção da UTI como um agravamento do quadro do doente, ou mesmo uma espécie de luto antecipado pela morte quase anunciada. As pessoas temem profundamente a ida à UTI – um lugar proibido, carregado de mistério e, sobretudo, de medo. Certo, porém, é que a UTI é o local mais apropriado para o cuidado intensivo, para que se obtenha elementos para diagnósticos mais precisos, entre outras vantagens (Gomes e Menezes, 2008).

## 6.11 Aborto

Com a eutanásia, outra questão polêmica é a do aborto, que se apresenta como uma das questões centrais na delimitação das fronteiras entre a vida e a morte.

Segundo Salem (1997) e Luna (2001, 2007), o uso de novas tecnologias que promovem a manutenção da vida do recém-nascido pré-termo, com baixo peso, ampliou os critérios de viabilidade dele (Aguiar et al., 2006). Além disso, a difusão do uso das técnicas de reprodução assistida acaba por aumentar a polêmica gerada pelos sentimentos de posse do corpo, uso de óvulos e esperma, embriões congelados e das células-tronco. Todas as questões convergem para um único ponto: a determinação do momento do início da vida.

Atualmente, a discussão sobre o chamado "estatuto do embrião" promove acirradas disputas no que concerne aos aspectos jurídicos, religiosos e éticos.

O aborto mostra-se ainda mais controverso à medida que se encerra entre dois grandes antagonismos: de um lado, a viabilidade da vida extrauterina e relativa autonomia do feto em relação ao corpo da mãe; de outro, a autonomia da mulher, relacionada a seu corpo e à sua escolha, respaldada em direitos sexuais e reprodutivos.

Ocorre que o abortamento é a terceira maior causa de morte de mulheres no Brasil e também é de grande proporção em outros países (Aguiar et al., 2006). Os que se opõem veementemente à prática do aborto argumentam que o feto não se distingue de um recém-nascido, essencialmente contrários aos que focam a possibilidade de interrupção da gravidez, como direito inalienável da mulher.

## 6.12 O processo de morrer

Ao lado da certeza da morte, temos o processo de morrer, ou seja, de que maneira o fenômeno da morte acontece. Bastante intrigante e polêmica é a existência de diversos *blogs* em que pessoas em adiantado estágio de doenças – em especial diversos tipos de câncer – relatam as experiências que estão vivendo no processo de morrer, na forma de um diário amplamente difundido na grande rede (Biderman, 2010).

Há também outras formas de morrer: analisando brevemente os fatos que aconteceram com o protagonista de *Triste fim de Policarpo Quaresma* – obra do genial Lima Barreto, que transcende os aspectos tempo e lugar –, percebem-se claramente novos significados sociais no processo de morrer (Barreto, 1988). O Major Policarpo Quaresma – fiel representante de valores fundamentais, como caráter, honestidade e honradez, detentor de elevados sentimentos pátrios e "mantido vivo pelo calor de seus livros" – solicitou por meio de uma missiva que fosse estudada sua sugestão de instituir o tupi-guarani como idioma oficial do Brasil, em contraposição ao idioma luso que, no seu entender, fugia às nossas raízes e particularidades. O pedido do Major foi indeferido e o fato foi amplamente divulgado nos jornais da época. As notícias, carregadas de ironia, sarcasmo e toda a sorte de impropérios, modificaram de modo avassalador as relações do até então respeitado Major Quaresma com seus vizinhos e mesmo com pessoas mais próximas. Então, surge a figura do anti-herói, com papéis não tão bem definidos como tantos outros que reproduzimos servil e voluntariamente.

Sugere-se que você saboreie essa grande obra da nossa literatura.

## 6.13 Cuidados paliativos

O sistema de cuidados de saúde de uma formação social tem como objetivo fundamental garantir um nível de saúde elevado da população, além de proporcionar qualidade de vida no momento da morte. É uma importante questão – também polemizada – que começou a tomar vulto maior durante a década de 1990 e emerge, atualmente, sobretudo relacionada diretamente à qualidade do fim da vida.

Trata-se de uma prática multiprofissional que visa oferecer ao paciente fora de possibilidades terapêuticas atendimento envolvendo os aspectos físicos, emocionais, sociais e espirituais, objetivando permitir-lhe, e a seus familiares, a melhor qualidade de vida possível (Aguiar et al., 2006).

Os cuidados paliativos no fim da vida englobam um conjunto de teorias e práticas que têm por objeto central o processo de morrer. Tais práticas não devem se restringir a especialistas – sobretudo a médicos e enfermeiros –, mas constituir uma das principais bases para um profícuo processo de formação de uma equipe de saúde (Aguiar et al., 2006).

Entretanto, a formação acadêmica acaba por deixar lacunas, levando o profissional de saúde a acreditar que somente a cura e o pronto restabelecimento são característicos de um bom cuidado (Aguiar et al., 2006). A dinâmica do processo de luta incessante pela manutenção da vida parece não permitir a abertura de espaços para reflexão, discussão e questionamentos sobre a morte e o processo de morrer.

> A morte perturba a paz hospitalar e os profissionais acabam por comentar os êxitos e os cuidados com bons resultados. Para eles, frutos de uma formação que ressalta a onipotência e a eficiência, encarar a morte é aceitar o fracasso e perder para a doença é algo difícil de ser vivenciado. (Aguiar et al., 2006)

O processo de formação, necessariamente, deve contribuir para o desenvolvimento de competências e habilidades específicas relacionadas com o cuidado em fim de vida. Ele deve considerar a compreensão da morte como evento da vida, parte integrante desta, e não como algo que deva ser combatido não importa em que condições. Repetindo: a morte e o processo de morrer ainda constituem um assunto tabu na sociedade ocidental contemporânea.

Ainda assistimos à negação da própria finitude, atitude constante que acaba por repercutir na diminuição da atenção e do cuidado aos que se encontram na fase final da vida. O amor pela vida, quando a toma como "um fim em si mesma", transforma-se num culto incessante por esta. Assim, a Medicina que se preocupa quase tão somente com as "condições vitais", deixando de lado as "qualidades vitais", acaba por promover implicitamente esse culto idólatra à vida. Daí também se origina a ideia de "morte em vida", relatada por muitos doentes em processo de doença.

A qualidade do fim da vida demanda cuidados específicos de diversos profissionais que lidam com a possibilidade da morte – neste caso, parece mais próxima –, no chamado "caminho sem volta", em que é impossível precisar a duração ou mesmo o momento de início do processo de morrer (Aguiar et al., 2006). Importante pesquisa foi conduzida por Bousso, Poles e Rossato (2009) e trata do desenvolvimento do conceito de tanatologia em enfermagem.

O cuidado e o processo de morte digna numa UTI pediátrica é descrito por Aguiar et al. (2006), que entendem que essa se caracteriza pela possibilidade de ter um tratamento clínico de excelência no fim da vida, concernente aos benefícios da evolução natural da doença, respeito aos aspectos socioculturais, maior conforto físico e bem-estar. A morte digna ocorre em um contexto de veracidade e parceria entre a equipe e a família, permitindo que se expressem expectativas e receios. O resultado de uma morte digna é considerado um alívio do sofrimento tanto da criança quanto de sua família.

Durante a realização de pesquisas qualitativas com pacientes e familiares a respeito do processo de fim de vida, especialistas em cuidados paliativos identificaram os principais motivos considerados chave:

- desempenho – principalmente em tarefas relacionadas à vida diária – e bem-estar físico;
- bem-estar espiritual – com a devida possibilidade de manter os ritos religiosos;

- desempenho e bem-estar psicossocial – a permanência dos vínculos afetivos já construídos e a formação de outros;
- percepção do paciente acerca do cuidado;
- percepções e o bem-estar da família e qualidade de vida em geral (INCA, s/d).

Aqui, torna-se importante sugerir a leitura de alguns *blogs* com relatos de pessoas consideradas "fora de possibilidades terapêuticas", além de filhos, netos, parentes e amigos que tiveram a coragem de expor o que se pode interferir como "uma maior proximidade com a morte"; isso, porém, poderia fugir da verdade, pois nada traz certeza ou é certo, exceto o fato de que a morte virá em algum momento. Um desses *blogs* é <http://grandeabobora.com/a-finitude-da-vida.html>.

Essa reflexão se encerra com um pequeno fragmento das aventuras de vida de Fernão Capelo Gaivota (Bach, 2010, p. 24):

> Quanta coisa mais agora para viver! Em vez de nosso monótono voo de ida e volta até os barcos de pesca, há agora uma razão para viver! ...
> Podemos nos erguer de nossa ignorância, podemos nos considerar criaturas exímias, inteligentes, hábeis.
> Podemos ser livres!
> Podemos aprender a voar!

## » Referências

AGUIAR, I. R. et al. O envolvimento do enfermeiro no processo de morrer de bebês internados em Unidade Neonatal. *Acta Paul. Enferm.*, São Paulo, v. 19, n. 2, abr./jun., 2006.

BACH, R. *Fernão Capelo Gaivota*. 17. ed. Rio de Janeiro: Record, 2012.

Barreto, A. H. L. *Triste fim de Policarpo Quaresma*. Rio de Janeiro: Ediouro, 1988.

Biderman, I. *Doentes terminais relatam em blogs seus últimos dias de vida*. Disponível em: <http://www1.folha.uol.com.br/equilibrioesaude/746221-doentes-terminais-relatam-em-blogs-seus-ultimos-dias-de-vida.shtml>. Acesso em: 11 jan. 2013.

Bousso, R. S.; Poles, K.; Rossato, L. M. Desenvolvimento de conceitos: novas direções para a pesquisa em Tanatologia e enfermagem. *Rev. Esc. Enferm. USP*, São Paulo, v. 43, n. esp. 2, dez. 2009.

Bunson, M. E. *A sabedoria do papa*. Rio de Janeiro: Rocco, 1997.

Dostoiévsky, F. *Recordações da casa dos mortos*. São Paulo: Nova Alexandria, 2006.

Fortes, P. A. C. A prevenção da Distanásia nas legislações brasileira e francesa. *Rev. Assoc. Med. Bras.*, São Paulo, v. 53, n. 3, maio/jun. 2007.

Gestalt. *Psicologia da Gestalt*. Disponível em: <http://www.igestalt.psc.br/psicogest.htm>. Acesso em: 11 jan. 2013.

Gomes, E. C.; Menezes, R. A. Aborto e eutanásia: dilemas contemporâneos sobre os limites da vida. *Physis*, Rio de Janeiro, v. 18, n. 1, 2008.

Hatab, L. J. *Ethics and Finitude*: Heideggerian Contributions to Moral Philosophy. Norfolk: ODU, 2007.

INCA. *Cuidados paliativos*. Rio de Janeiro: INCA. [s. d.]. Disponível em: <http://www.inca.gov.br/conteudo_view.asp? ID=474>. Acesso em: 02 dez. 2012.

Jung, C. G. Aion – Estudo sobre o simbolismo do si-mesmo. *Obras Completas*. Petrópolis: Vozes, 1998.

Kierkegaard, S. A. *O conceito de angústia*. Petrópolis: Vozes, 2010.

Kovács, M. J. Desenvolvimento da Tanatologia: estudos sobre a morte e o morrer. *Paideia*, Ribeirão Preto, v. 18, n. 41, set./dez. 2008.

Kübler-Ross, E. *Sobre a morte e o morrer*. São Paulo: Martins Fontes, 2005.

Machado, F. *Nossa finitude de cada dia*. 1999. Disponível em: <http://www.existencialismo.org.br/jornalexistencial/flaviamfinitude.htm>. Acesso em: 02 dez. 2012.

Marinho, S.; Arán, M. As práticas de cuidado e a normalização das condutas: algumas considerações sobre a gestão sociomédica da "boa morte" em cuidados paliativos. *Interface Comun. Saúde Educ.*, Botucatu, v. 15, n. 36, jan./mar. 2010.

Melo Neto, J. C. *Morte e vida severina*. Rio de Janeiro: Objetiva, 2009.

Militão, A.; Militão, R. *Jogos, dinâmicas & vivências grupais*. Rio de Janeiro: Qualitymark, 2000.

Nietzsche, F. *Crepúsculo dos ídolos*. São Paulo: Companhia das Letras, 2011.

Nunes, M. A. *A finitude da vida*. Dísponivel em: <grandeabobora.com/a-finitude-da-vida.html>. Acesso em: 11 jan. 2013.

Rego, S.; Palácios, M. A finitude humana e a saúde pública. *Cad. Saúde Públ.*, Rio de Janeiro, v. 22, n. 8, ago. 2006.

Sêneca. *Sobre os enganos do mundo*. São Paulo: Martins Fontes, 2011.

Siqueira-Batista, R.; Fermin, R. S. Conversações sobre a "boa morte": o debate bioético acerca da eutanásia. *Cad. Saúde Públ.*, Rio de Janeiro, v. 21, n., jan./fev. 2005.

Taniguti, J. H. Luto e melancolia. [s.d] In: Freud, S. *Obras completas*. v. XIV, 1917. Disponível em: <http://pt.scribd.com/doc/16372739/Luto-e-Melancolia-freud>. Acesso em: 02 fev. 2012.

Tavares, B. Prefácio. In: Melo Neto, J. C. *Morte e vida Severina*. Rio de Janeiro: Objetiva, 2009.

# PARTE 3
## Gestão e Sistematização em Enfermagem

# 7

# Gestão em enfermagem nas unidades de alta complexidade: algumas reflexões

>> *Elizabeth Carla Vasconcelos Barbosa | Iris Ribeiro Bazílio*

O cenário do trabalho em saúde no momento atual evidencia situações de grandes preocupações no que diz respeito à precarização, como: sobrecarga de trabalho; desgaste do trabalhador; dimensionamento inadequado do quadro de pessoal; taxas elevadas de absenteísmo; afastamentos por acidentes de trabalho e doenças ocupacionais; difícil reconhecimento profissional; acúmulo ou desvio de função; falta de diálogo; salário não compatível com as responsabilidades assumidas; e todos fatores que comprometem a assistência de enfermagem no que diz respeito à qualidade, à gestão do cuidado, ao trabalho em equipe, ao emprego de indicadores, aos instrumentos fundamentais para o gerenciamento de qualidade, dos recursos humanos e da assistência. Quando o processo do cuidado sofre com os fatores citados, o maior prejudicado é o usuário do serviço de saúde. Nesse sentido, a equipe de enfermagem não é responsável exclusivamente pelo cuidar, pois já está consolidado que o cuidar é de responsabilidade de toda equipe multidisciplinar, embora a enfermagem lidere esse processo no cotidiano hospitalar.

O enfermeiro, no dia a dia de trabalho, precisa estar sempre atento a seus liderados, sendo responsável por desenvolver um trabalho em equipe. O enfermeiro líder é aquele que envolve sua equipe, que a motiva a capacitar-se continuamente por meio de cursos de capacitação e atualização, com a construção de novos conhecimentos. O liderado olha para seu enfermeiro líder e espelha-se nele. Essa liderança vivenciada no cotidiano da prática assistencial gera motivação, que proporciona a busca da qualidade do cuidar de enfermagem, culminando com a avaliação positiva conferida pelos usuários e também pela equipe cuidadora.

Concorda-se com Pires (1998) quando ele discute os trabalhadores de enfermagem com graus de formação diferenciados e a organização do trabalho que ocorre pela divisão por tarefas, seja nos cuidados integrais, seja nos cuidados funcionais, garantindo ao enfermeiro o papel de detentor do saber e de controlador do processo do trabalho. Assim, o enfermeiro executa o trabalho intelectual e gerenciador da assistência prestada, cabendo aos demais membros da equipe o papel de enfermagem, isto é, de executor de tarefas delegadas. Precisa-se avançar nessa discussão pelo olhar das novas teorias da administração.

Apesar da mudança de paradigma proposta pelas teorias contemporâneas da administração, as quais estão pautadas na organização do trabalho em equipe, na redução das linhas hierárquicas e na intensa comunicação horizontal, observa-se que, na maioria das instituições, a enfermagem ainda reproduz em suas relações a herança do estilo da gerência clássica. Nesse sentido, é importante iniciar a discussão tentando compreender a gestão participativa como democrática, na qual há a partilha de poderes, de decisões e de ações, a valorização dos diferentes saberes e a busca de estratégias conjuntas para o enfrentamento de problemas fundamentais no processo de trabalho da enfermagem.

Na visão atual de gestão e liderança, não há mais espaço para tomadas de decisões unilaterais, centralizadoras, que traduzem uma relação verticalizada, cujos processos não são construídos pela coletividade, pela equipe, mas somente pelo líder. Assim, a equipe pode não se sentir coparticipante das decisões, das metas e dos objetivos, possibilitando a falta de motivação, o déficit na democratização do poder, os espaços políticos e os processos de cuidar.

O Controle Social em Saúde é uma estratégia para democratizar o poder, o espaço e o canal de manifestação da participação social regulada e institucionalizada normalmente no aparelho de Estado. Reveste-se de caráter educativo, reivindicando direitos coletivos e interferindo nas práticas políticas nos aspectos técnicos, administrativos, ambientais e orçamentários, por meio de deliberações, intervenções e encaminhamentos de decisões referentes às necessidades identificadas pelos representantes legítimos. O controle social torna-se ferramenta para a consecução da gestão participativa, que é o ato democrático de gerenciar as ações e as práticas políticas do controle social pelo planejamento de programas e serviços de saúde. É a concretude da participação social institucionalizada e o canal para a efetivação do controle social (Oliveira, 2003).

Entender participação é um fator *sine qua non* para o sucesso na gestão participativa; participação é um processo de conquista, que se tem como uma ação inacabada. Segundo Demo (1998, p. 18), "não é dádiva nem concessão, nem é preexistente. O processo de participação envolve disputa por poder, mostra-se como outra forma de poder".

Diversos estudos sobre tendências na gestão têm mostrado que práticas gerenciais tradicionais não respondem mais às necessidades de melhor desempenho e satisfação. Nessa perspectiva, "participar" significou literalmente "fazer parte", implicando a livre escolha e permitindo às pessoas obter mais conhecimento e comprometimento nos assuntos e nas questões fundamentais para o desenvolvimento institucional. "Comprometimento" refere-se, além do estado de participação, a um sentimento de total responsabilidade na criação de uma visão compartilhada (Aguilar da Silva e Tsuji, 2006).

À medida que o indivíduo participa do processo de decisão, com autonomia e poder de escolha, ele se sente comprometido a tal ponto que fará de tudo para que as metas sejam alcançadas e os objetivos, atingidos, e tal sentimento e força não são decorrentes do medo imposto por uma liderança impositiva, mas, sobretudo, da satisfação de ser participante do processo. Nesse sentido, o comprometimento é consequência da participação ativa dos liderados.

No contexto do novo modelo de gestão, a gerência em enfermagem também vem passando por mudanças. Atualmente, busca-se um gerente que seja hábil tecnicamente, tenha poder de decisão, saiba liderar seu grupo, estimule seus pares a produzir, busque relacionamentos saudáveis e estimule suas equipes a desenvolver criatividade e autoestima. Deve ser claro ao estabelecer metas, informando os resultados que espera alcançar. Entretanto, o que acontece muitas vezes é que, à medida que um liderado se destaca, trabalha com excelência e supera expectativas, um sentimento de inveja e medo de perder posições e cargos surge nos gerentes de enfermagem. Tais sentimentos podem ocasionar perseguições, que muitas vezes culminam com o assédio moral.

Tais atitudes não contribuem para o crescimento do coletivo, para o exercício de uma enfermagem problematizadora, capaz de argumentar com embasamento teórico-científico, reconhecida em seu campo de atuação como o diferencial no processo de cuidar, que muda realidades, unida em prol de um bem muito maior que a manutenção de posições e cargos, que proporciona qualidade, satisfação e realização. O gerente de enfermagem, quando pensa no coletivo, reconhece que um liderado aprendeu com ele e o superou, e, em prol do crescimento e da inovação dos processos de trabalho, eles continuarão trabalhando juntos, mesmo que em posições diferentes, passando aquele que era líder a ser liderado. Essa mudança não se desenvolve com amargura ou com baixa autoestima, mas vem com um sentimento de missão cumprida, de qualidade no desenvolvimento de novos líderes, de satisfação do coletivo.

Nesse sentido, Merhy e Onocko (1997) alerta que devemos tomar como desafio central a produção de uma reforma "publicizante" do sistema de direção dos serviços, que implique uma "coletivização" da gestão dos processos de trabalho.

## 7.1 Serviço de enfermagem, gestão participativa, gestão de qualidade

Historicamente pautada na administração científica, cabe à gerência institucional o papel de controlar e regulamentar o trabalho, por meio de normas administrativas e com padronizações técnicas. A crítica feita a essa abordagem é que se retira do trabalhador a responsabilidade pela criação autônoma e desregulamentada, necessária para assegurar a qualidade em saúde (Campos, 1997). Esse autor também afirma que podemos verificar a impossibilidade desse controle total, pois os trabalhadores operam com sua subjetividade, com seu autogoverno, conseguindo burlar normas e trabalhar de acordo com sua própria consciência; porém, essa autonomia não tem sido usada para construir projetos eficazes.

Novas técnicas gerenciais criadas pelas Teorias da Administração das Organizações, supostamente potentes para lidar com os trabalhadores pouco produtivos e alienados, têm se mostrado insuficientes para erradicar o desinteresse, a alienação, o agir mecânico e burocratizado (Campos, 1997). Este autor afirma que o algo a mais é um pouco mais complexo que uma simples tecnologia de gestão; há necessidade de instituir novas formas de governar os serviços públicos, e ele aposta na reordenação da distribuição de macro e micropoderes, ou seja, na criação de sistemas de gestão que permitam combinação de diretrizes consideradas antagônicas, como a centralização e a descentralização, a autonomia da base e a responsabilidade com os objetivos gerais da instituição, com o planejamento de metas e as flutuações de demanda.

Esse processo exigiria uma flexibilidade doutrinária e operativa, um grau de democracia e de distribuição de poder que não fazem parte da nossa cultura (Campos, 1994). Nessa direção, ele afirma que é possível revolucionar o cotidiano ao se trabalhar com o pressuposto de que os mecanismos de dominação/exploração, os micropoderes, podem ser questionados durante a organização ordinária e comum da vida das instituições, sem que se tenha alterado o esquema mais geral de dominação no nível do Estado, da sociedade política e do mundo da produção. Ou seja, a instituição de novas relações dependeria de sujeitos capazes de gerir seu cotidiano, considerando as potencialidades e os limites para a mudança, em um contexto de determinações histórico-estruturais.

Campos (1994, p. 67) conclui apostando:

> que o viver cotidiano não precisa ser aquele da repetição, da renúncia à autonomia e ao desejo; [...] que o trabalho pode ser um espaço para a realização profissional, para o exercício da criatividade, um lugar onde o sentir-se útil contribua para despertar o sentido de pertinência à coletividade, transcendendo o papel tradicional do trabalho que é de, quando muito, assegurar a sobrevivência e um determinado nível de consumo.

O homem não consegue trabalhar só; o labor em equipe é fundamental para se atingirem resultados. Um conjunto de indivíduos tem competências que, muitas vezes, separadamente não se manifestam. O trabalho em equipe é um instrumento básico para o enfermeiro (Bersusa e Riccio, 2000).

Nesse sentido, é fundamental que o enfermeiro decida trabalhar em equipe, um processo de escolha e de decisão. Por mais que haja capacitação, cursos e atualizações sobre liderança, gestão e qualidade, a mudança decorrerá sempre daquele que está na ponta do processo. O líder, o gerente de enfermagem e o supervisor podem estimular a união em equipe, porém, se o enfermeiro estiver decidido a não agir coletivamente, a assistência não será gerada e executada em equipe.

A responsabilidade das chefias não está sendo diminuída ou extinguida, ao contrário, são fundamentais para o trabalho em equipe. O liderado precisa ver em sua chefia a motivação para se trabalhar em união, em equipe; entretanto, muitas chefias retrógradas e desatualizadas agem justamente ao contrário, estimulando a desagregação, a desunião e o individualismo. Vários podem ser os motivos: falta de capacidade em liderar participativamente; insegurança, por acreditarem que um grupo unido é mais forte e mais difícil de gerenciar; medo de perder posições e cargos. Por tudo isso, há que se ter uma reformulação não apenas no modo de pensar, mas, sobretudo, no de desenvolver a gestão no cotidiano hospitalar de enfermagem.

Na perspectiva de gestão participativa, Campos (1997) afirma que o desafio estaria na adequada combinação de autonomia profissional com certo grau de responsabilidade para os trabalhadores.

Na medida em que o trabalhador tem autonomia, ele assume a responsabilidade por seu trabalho. Ele não age porque o chefe determinou, ele age desta ou daquela forma porque pensou, refletiu, foi ouvido, participou do processo decisório e decidiu ativamente com toda a equipe. Dessa forma, fará de tudo para que os objetivos sejam alcançados, assume para si a responsabilidade pelos resultados.

Assim, o prazer no trabalho é uma consequência da organização do labor que deve ser desenvolvido coletivamente, com respeito a cada ser humano e por suas características particulares. Cada equipe é única, não sendo possível estabelecer uma receita de como trabalhar em equipe igual para todos. O trabalho coletivo está sempre diante de obstáculos e desafios que, permanentemente, devem ser administrados e superados (Dejours, 2004).

Trabalhar em equipe depende do esforço de cada um dos sujeitos envolvidos, objetivando a mesma meta e o coleguismo. O compromisso de cada um com o paciente e o diálogo são fatores imprescindíveis para proporcionar o desenvolvimento de um trabalho conjunto no qual o objetivo é a assistência de enfermagem com qualidade (Baggio, 2007).

O trabalho em equipe deve proporcionar a comunicação contínua entre os membros, a qual deve ser dinâmica, participativa, integradora, flexível, aberta, democrática e cooperativa, em que os indivíduos devem ter o senso de autonomia sem perder o foco nos objetivos comuns. O trabalho que é gerador de sentimentos de prazer proporciona situações positivas, pois inclui todos os membros da equipe de enfermagem e de saúde, tornando seus trabalhadores mais criativos, auxiliando-os no uso de suas habilidades e competências individuais, e propiciando que o sentimento de utilidade seja expresso, bem como evidenciando a importância social do trabalho (Martins e Faria, 2002).

Nesse sentido, todos em equipe buscam a qualidade do cuidar, em prol do usuário, da enfermagem, da satisfação pessoal, da instituição, enfim, desenvolvem um senso crítico gerador de autoavaliação, tendo como meta principal a qualidade da prática assistencial.

A Organização Mundial de Saúde (OMS) define qualidade como um conjunto de atributos, o que inclui um nível de excelência profissional, o uso eficiente de recursos, um mínimo de risco ao paciente/família e um alto grau de satisfação por parte dos usuários, considerando-se, essencialmente, os valores sociais existentes.

À medida que o mundo se interligou com a globalização, as empresas, incluindo os hospitais, notaram que a excelência de desempenho está na descoberta de como investir e explorar o potencial e a capacidade de aprendizagem de seus profissionais em todos os níveis da organização.

Perrenoud (2000) referenda essa leitura quando conceitua "competência" profissional não apenas como "ter conhecimento", mas como o "uso do conhecimento" que o profissional incorpora a seu desempenho.

Portanto, falar sobre recursos humanos é refletir sobre as especificidades do recurso humano que compõe o sistema de saúde. A quantidade de faculdades de enfermagem aumentou demasiadamente ao longo dos tempos. Consequentemente, o número de enfermeiros lançados no mercado de trabalho é bem diferente de anos atrás. Certamente, essa demanda gera competitividade, em que só se destaca quem faz a diferença. Essa diferença vai desde a formação, a especialização, o conhecimento técnico-científico, a destreza prática na habilidade de lidar com as demandas de relacionamento e convivência, mostrando a importância do desenvolvimento e da aplicabilidade da inteligência emocional.

Somente o conhecimento racional não dá conta das necessidades de mercado. Faz-se parte de processos seletivos em que se estabelece como critério de inclusão a capacidade (demonstrada na entrevista e no período de experiência) de interação com o outro (equipes, familiares, clientela), o desenvolvimento e a aplicabilidade do poder de decisão, resolutividade, proatividade, liderança, ética, enfim, habilidades concernentes ao enfermeiro do século XXI. Tais características fazem a diferença no mercado de trabalho e não são "dadas" pelas universidades, mas desenvolvidas desde a formação e com a prática profissional.

A adoção de uma técnica, a execução de um procedimento invasivo e a aplicação de um conhecimento teórico podem ser ensinados, porém as habilidades para fazer diferença na equipe, no contexto hospitalar, a liderança e a capacidade de gerenciar as demandas pessoais de uma equipe, propiciando um cuidado "humano" ao cliente e à própria equipe, não podem ser ensinados ou transmitidos. Tais habilidades podem até ser desenvolvidas, desde que o profissional a isso se disponha.

Tais especificidades distanciam-se do contexto burocrático em que muitos enfermeiros estão inseridos. Cuidar do outro corresponde à essência da formação do profissional; se ele se afasta desse cuidado, mantendo-se apenas nas funções burocráticas, não atende às demandas da sociedade como um todo.

Há alguns anos, o "bom" enfermeiro era aquele que sabia *fazer*, cumpria bem as tarefas determinadas, sem questioná-las, mantinha o local de trabalho bem-organizado, era sem autonomia, prevendo e provendo o material, para que nada faltasse ao atendimento médico, prioritariamente, ou seja, o bom enfermeiro era aquele que mantinha a casa bem-organizada, como um grande mordomo ou uma governanta.

Tal contexto sempre foi muito negativo para a imagem profissional e até hoje vemos as consequências, dadas as condutas passadas, em alguns locais. Essa realidade contribui para o pensamento da sociedade, que não reconhece o papel do enfermeiro, conferindo um *status* social baixo, gerando menosprezo por toda categoria.

O mercado de trabalho atual, no contexto político-administrativo, público e privado, de grande porte, no qual há uma administração participativa e com liderança inteligente, já não comporta tal atuação.

Busca-se um profissional líder, que atenda aos critérios de uma gestão com qualidade, que faça a diferença na equipe e na instituição da qual faz parte. Os princípios que embasam um serviço de gestão com qualidade mostram que é preciso mudar esse padrão de comportamento de enfermagem. O enfermeiro terá de reavaliar seu papel, compreendendo que quem o define na equipe é ele mesmo. Terá de assumir um padrão de ousadia e competitividade no mercado, que se dará pela qualificação para a produção/produtividade.

Deverá mostrar que ele é capaz de cuidar empaticamente, mas com conhecimento teórico-científico, com destreza prática, mas com capacidade de questionar condutas terapêuticas inadequadas com respaldo legal, ético e científico;

que tem poder de decisão, liderança; e que sabe mostrar à sociedade para que ele veio, por que veio e como veio.

A administração de recursos humanos trata com e de pessoas; nesse campo nada é fácil e, decididamente, pouco é objetivo. A ideia de tratar igual o que é igual para um administrador tem como premissa a discriminação adequada entre o bom e o mau, o certo e o errado. No entanto, não há qualquer garantia de que a percepção pessoal desse administrador seja partilhada por outrem, menos ainda por aqueles que são objeto dessa discriminação. A administração de recursos humanos tem um componente de "leis e normas" de caráter idealmente objetivo, mas, ao mesmo tempo, assenta-se sobre relações interpessoais, que, em qualquer caso, baseiam-se em sensações e percepções.

É sempre difícil aceitar o componente emocional contido nas relações e nas reações humanas. Isso se torna particularmente delicado quando se discute gestão, diante do conteúdo de conhecimento (mesmo que não científico) atribuído a essa área. Nos anos 1990, o conceito de "inteligência emocional" procurava fornecer conteúdo de conhecimento ao que antigamente se chamava pejorativamente de "emocional". Nos primeiros anos do século XXI, na área de saúde, começa-se a ter claro que a autoestima dos trabalhadores influi na maneira como conseguem oferecer de fato o "cuidado" àqueles que querem ensinar, tratar, reabilitar.

O enfermeiro está inserido na administração hospitalar, assim como na saúde pública. Já se reflete que, para se estabelecer, ele precisa assumir seu real papel, novas condutas para que, de fato, faça diferença na atual administração pública e privada. Todavia, é preciso compreender que administração é essa.

Há dois tipos genéricos de reação quando se fala em administração de recursos humanos no âmbito de uma organização: ou as pessoas consideram sua atividade um mistério, com processo decisório centralizado e vivenciado sobre critérios desconhecidos, ou assumem que não se consegue gerenciar qualquer tipo de unidade sem gerenciar as pessoas que ali trabalham. Também se verificam duas atitudes possíveis perante o conhecimento dessa área: pode ser visto como composto de ritos e de conhecimentos técnicos (ou mágicos), a menos que seja percebido como pura aplicação de senso comum e, quem sabe, como a tentativa de fornecer alguns conceitos de autoajuda aos trabalhadores de uma organização.

Qualquer pessoa, que pertença ou não a uma organização, trabalha com administração de recursos humanos. Na seleção de um trabalhador para o serviço doméstico, na compra de café numa padaria, na educação dos filhos, em tudo isso está envolvida uma série de conteúdos afeitos ao conhecimento administrativo. Desde os primórdios das chamadas "teorias da administração", entre os princípios de Henri Fayol, há o de pagar a cada um segundo a tarefa que executa e o de tratar igual o que é igual e diferente o que é diferente, ambos entre as consideradas primeiras leis da administração de recursos humanos. Embora antigos, embora faça sentido, embora considerados superados, nenhum deles é aplicado suficientemente nos dias de hoje nem (ou principalmente) no setor da saúde.

O enfermeiro é um administrador inato; administra sua equipe, seu cuidado, sua unidade, administra pessoas o tempo todo. Tais conceitos administrativos precisam estar em seu perfil, mais ainda quando falamos em enfermagem na gestão com qualidade.

O objeto da administração de recursos humanos consiste nas pessoas e em suas relações dentro da organização. No entanto, certamente não é esse seu objetivo.

As pessoas que trabalham na maioria das organizações representam seu recurso crítico, ou seja, aquele sem o qual elas não conseguem fazer seu trabalho. Isso é particularmente verdadeiro nas organizações de saúde que, além de serem dependentes de tecnologia, não conseguem aplicar essa tecnologia sem contar com recursos humanos adequados. Tal realidade é muito presente nos centros de terapia intensiva. Ou seja, a avaliação final do desempenho da área de recursos humanos será dada de acordo com os resultados obtidos pela organização. Assim, a gestão de recursos humanos tem importante componente estratégico.

A gestão de pessoas deve, na organização, ser objeto de interesse (se não de atuação) de todos os que nela trabalham, gerentes de recursos humanos, de outras áreas ou com qualquer outro tipo de atividade. Seja por lidar com sua vida, seja por lidar com o funcionamento da organização, tem um componente universal fundamental. A enfermagem está inserida nesse movimento administrativo em torno da gestão com qualidade no Brasil, por meio dos ambientes hospitalares.

As mudanças ao longo dos anos não dizem respeito apenas aos profissionais enfermeiros, mas as instituições também vêm sofrendo alterações em seu perfil para acompanhar os avanços do mercado. Nesse contexto, surgiram os programas de gestão com qualidade, e a acreditação hospitalar reflete tal realidade. Ser uma instituição acreditada é ser uma instituição de qualidade.

Para atender a esse movimento em busca da qualidade na gestão hospitalar, o Ministério da Saúde elaborou um Manual da Organização Nacional para Acreditação, com base no Manual de Acreditação de Hospitais da América Latina e Caribe, e contou com a participação de importantes instituições e representações na saúde brasileira.

O Manual é composto por um roteiro, com padrões agrupados em diferentes níveis.

- O *nível 1* abrange as *Exigências Mínimas*, que contemplam as normas legais do exercício profissional e outras características imprescindíveis para a assistência médico-hospitalar. Inclui disponibilidade de recursos humanos, preparo deles, infraestrutura e requisitos básicos para a qualidade do cuidado.
- O *nível 2*, *Padrão de Qualidade no Atendimento*, corresponde às instituições que, além de atenderem às exigências mínimas, mantêm boas

práticas na organização da assistência, tendo o cliente como foco de sua atuação. Compreendemos que tal nível corresponde ao processo, em que temos as evidências da adoção de planejamento na organização da prática hospitalar, mediante documentação, corpo funcional, treinamento, controle, estatísticas para a tomada de decisão clínica e gerencial, e práticas de avaliação interna.

- O *nível 3, Padrões de Excelência*, corresponde às políticas institucionais que denotam a excelência dos serviços prestados, referindo-se ao resultado das práticas de gestão.

Diante dessas reflexões expostas, além do caos que se instalou na saúde brasileira, torna-se necessário conhecer as diversas possibilidades de cálculos de dimensionamento de pessoal na área de enfermagem para poder nos aproximar de uma gestão de cuidado mais digna, ética e comprometida com o usuário da saúde.

Estimular, exigir, cobrar qualidade assistencial da equipe para com o usuário e a família dele faz parte do cotidiano hospitalar, principalmente da enfermagem. Entretanto, pouco se discute, na prática, no dia a dia, sobre a qualidade com que a equipe de enfermagem trabalha, sobre a qualidade na relação gestor-profissional. Será que todo profissional de enfermagem tem sido respeitado em seus direitos? Será que há uma uniformização nas condições de escala e carga horária entre todos os profissionais de saúde? Será que a remuneração é igualitária para todos os profissionais de nível superior? Igualitária para todos do nível técnico? Será que o gestor, privado ou público, tem oferecido qualidade nas relações de trabalho na mesma proporção com que exige a qualidade assistencial? Se exijo um cuidado de qualidade, preciso cuidar do profissional com qualidade, para que ele retribua aquilo que tem recebido, com sentimento de satisfação e excelência.

Nesse sentido, é fundamental discutir o dimensionamento de pessoal, compreendendo-o como um processo que determina os parâmetros para o quantitativo mínimo dos diferentes níveis de formação dos profissionais de enfermagem para a cobertura assistencial nas instituições de saúde.

O Conselho Federal de Enfermagem deliberou a *Resolução Cofen nº 293/2004*, que estabelece parâmetros para o dimensionamento do quadro de profissionais de enfermagem nas instituições de saúde, considerando (Brasil, 1996):

- necessidade requerida pelos gerentes e pela comunidade de enfermagem, da revisão dos parâmetros assistenciais em uso nas instituições, em face dos avanços verificados em vários níveis de complexidade do sistema de saúde e as atuais necessidades da população;
- necessidade imediata apontada por gestores e gerentes das instituições de saúde, do estabelecimento de parâmetros como instrumento de planejamento, controle, regulação e avaliação da assistência prestada;
- necessidade de flexibilizar, nas instituições de saúde públicas e privadas do país, a aplicação de parâmetros que possibilitem os ajustes necessários, derivados da diferença do perfil epidemiológico e financeiro;
- ampla discussão sobre o estabelecimento de parâmetros de cobertura assistencial no âmbito da enfermagem, que possibilitou a participação efetiva da comunidade técnico-científica, das entidades de classe, dos profissionais de saúde e dos gerentes das instituições de saúde em sua formulação, por meio da Consulta Pública Cofen nº 01/2003 e da deliberação do Plenário do Cofen;
- garantir a segurança e a qualidade da assistência ao cliente, bem como o quadro de profissionais de enfermagem, pela continuidade ininterrupta; a diversidade de atuação depende, para seu dimensionamento, de parâmetros específicos;

- os avanços tecnológicos e a complexidade dos cuidados ao cliente, quanto às necessidades físicas, psicossomáticas, terapêuticas, ambientais e de reabilitação;
- que compete ao enfermeiro estabelecer o quadro quanti-qualitativo de profissionais, necessário para a prestação da Assistência de Enfermagem.

O artigo 9º assinala que o quadro de profissionais de enfermagem da unidade de internação composto por 60% ou mais de pessoas com idade superior a 50 anos deve ser acrescido de 10% ao índice de segurança técnica, além de basear-se em características relativas:

À instituição/empresa:

- missão;
- porte;
- estrutura organizacional e física;
- tipos de serviços/programas, atribuição e competência dos integrantes;
- indicadores hospitalares do Ministério da Sáude.

Ao serviço de enfermagem:

- fundamentação legal do exercício profissional (Lei nº7.498/86);
- código de ética/resoluções Cofen e decisões.

À clientela:

- sistema de classificação de pacientes;
- realidade sociocultural e econômica.

Técnico-administrativa:

- dinâmica das unidades nos diferentes turnos;
- modelos gerencial e assistencial;
- jornada de trabalho;
- carga horária semanal;
- níveis de formação dos profissionais;
- padrões de desempenho dos profissionais.

Levando em consideração:

- índice de segurança técnica não inferior a 15% (IST) – referente a licença médica, férias, faltas, gravidez e morte;
- índice da proporção de profissionais de nível superior e de nível médio:
    - *assistência mínima – intermediária*:
    33% a 37% de enfermeiros;
    76% a 73% de técnicos/auxiliares de enfermagem;
    - *assistência semi-intensiva*:
    42% a 46% de enfermeiros;
    58% a 54% de técnicos/auxiliares de enfermagem;
    - *assistência intensiva*:
    52% a 56% de enfermeiros;
    48% a 44% de técnicos de enfermagem;
- horas de enfermagem por leito nas 24 horas:
    - 3,8 horas, por cliente, na assistência mínima;
    - 5,6 horas, por cliente, na assistência intermediária;
    - 9,4 horas, por cliente, na assistência semi-intensiva;
    - 17,9 horas, por cliente, na assistência intensiva;

- indicadores de avaliação da qualidade de assistência.

Com base nos elementos expostos anteriormente, aplica-se a fórmula a seguir; com o resultado final, acresce-se mais 15% considerando o IST, distribuindo entre a proporção de profissionais por nível superior e médio.

| Cálculo de pessoal |
| --- |
| $\dfrac{\text{Número de leitos} \times \text{Horas de enf.} \times \text{Dias de trabalho}}{\text{Carga horária semanal}} +15\%$ |

Há cálculos de dimensionamento de recursos humanos de enfermagem usando escores de gravidade do paciente e medindo a carga de trabalho de enfermagem, como veremos a seguir.

Os índices de gravidade mais adotados internacionalmente são o Acute Physiologic and Chronic Health Evaluation (APACHE) e o Simplified Acute Physiologic Score (SAPS), mas que não são capazes de avaliar a carga de trabalho da equipe de enfermagem.

No entanto, a aplicação de escores para medição da carga de trabalho de enfermagem foi considerada benéfica, pois, além da otimização dos recursos humanos da enfermagem, podem ser observados ganhos na qualidade do atendimento aos pacientes, aquilatada indiretamente pela diminuição de complicações e da morbidade, pelo menor tempo de internação na UTI e pela internação hospitalar, tendo impacto direto nos custos hospitalares (Ourcellón et al., 2005).

Vários sistemas foram desenvolvidos para a graduação da gravidade das doenças de pacientes de UTI a partir da década de 1970. Entre os vários índices de previsão existentes, o Therapeutic Intervention Scoring System (TISS) tem se destacado como um sistema que classifica a gravidade do paciente, quantificando as intervenções terapêuticas de procedimentos médicos e de enfermagem adotados. Ele tem por base a premissa de que, independentemente do diagnóstico, quanto mais procedimentos o paciente receber, maior a gravidade da doença e, consequentemente, maior tempo será despendido pela enfermagem para tal atendimento. Foi criado em 1974, passou por adaptações em 1983 e foi revisado em 1996, quando passou a apresentar 28 itens de avaliação que resultaram na versão TISS 28. Nessa versão, após estudo com o registro de múltiplos momentos de observações das atividades de enfermagem na UTI, concluiu-se que um ponto TISS 28 equivale a um consumo de 10,6 minutos do tempo de um profissional de enfermagem no cuidado direto (Elias et al., 2006).

O TISS 28 foi traduzido e validado no Brasil, porém há dificuldades dos enfermeiros em aplicá-lo. Enfermeiros intensivistas e docentes vinculados ao Grupo de Pesquisa Enfermagem em Cuidados Intensivos da Escola de Enfermagem da USP padronizaram definições operacionais com base nas sete categorias de intervenções terapêuticas, assim denominadas: atividades básicas, suporte ventilatório, cardiovascular, renal, neurológico, metabólico e intervenções específicas (Padilha et al., 2005).

A seguir descrevemos as definições operacionais que o grupo supracitado definiu e passou a aplicar, mensurando a carga de trabalho diário da equipe de enfermagem e adotando-a como um elemento para o dimensionamento da equipe de enfermagem.

## 7.1.1 Atividades básicas

1. Monitoração padrão. Sinais vitais, horários, registros e cálculo regular do balanço hídrico. Aplica-se ao paciente que, em qualquer período das 24 horas, tenha recebido controle de algum parâmetro vital continua-

mente ou pelo menos a cada 1 hora e cálculo do balanço hídrico, pelo menos a cada 24 horas.

2. Laboratório. Investigações bioquímicas e microbiológicas. Aplica-se a pacientes submetidos a qualquer exame bioquímico ou microbiológico, independentemente da quantidade, feitos em laboratório ou à beira do leito.

3. Mediação única. Endovenosa (EV), intramuscular (IM), subcutânea (SC) e/ou oral (VO). Inclui os pacientes que receberam uma ou mais drogas por via IM, SC, VO ou uma única droga EV. Considere a quantidade de drogas, e não a frequência de administração. Não se aplica como droga EV o soro de manutenção.

4. Medicações endovenosas múltiplas. Mais que uma droga. Injeções únicas ou contínuas. Inclui os pacientes que receberam duas ou mais drogas por via endovenosa. Considere a quantidade de drogas, e não a frequência de administração. Não se aplica como droga EV o soro de manutenção.

5. Troca de curativos de rotina. Cuidado e prevenção de úlceras de decúbito e troca diária de curativo. Aplica-se ao paciente que recebeu uma ou duas sessões de troca de curativos, independentemente do número de locais e do tipo de curativo, ou que recebeu qualquer intervenção de prevenção de úlcera por pressão.

6. Trocas frequentes de curativos. Troca frequente de curativo (pelo menos uma vez por turno de enfermagem) e/ou cuidados com feridas extensas. Aplica-se ao paciente que recebeu um mínimo de três sessões de troca de curativos, independentemente do número de locais e do tipo de curativo, ou pelo menos uma troca de curativo de ferida extensa.

7. Cuidados com drenos. Todos (exceto sonda nasogástrica). Aplica-se a pacientes que estejam com qualquer sistema de drenagem instalado. Inclui sonda vesical de demora (SVD) e exclui sonda nasogástrica (SNG).

## 7.1.2 Suporte ventilatório

8. Ventilação mecânica. Qualquer forma de ventilação mecânica/ventilação assistida com ou sem pressão expiratória positiva final, com ou sem relaxantes musculares; respiração espontânea com pressão expiratória positiva final. Aplica-se ao paciente em uso do aparelho de ventilação mecânica de modo contínuo ou intermitente, em qualquer modalidade, com ou sem tubo endotraqueal: pressão positiva contínua nas vias aéreas (CPAP) ou pressão expiratória positiva de dois níveis (BPAP, "desmame").

9. Suporte ventilatório suplementar. Respiração espontânea por meio do tubo endotraqueal sem pressão expiratória positiva final; oxigênio suplementar por qualquer método, exceto aplicação de parâmetros de ventilação mecânica. Aplica-se ao paciente em respiração espontânea, com ou sem traqueostomia ou tubo endotraqueal, que tenha recebido suplementação de oxigênio por qualquer método, executando-se aqueles que dependem de aparelho de ventilação. Nesses casos, o paciente pontua no item anterior.

10. Cuidados com vias aéreas artificiais. Tubo endotraqueal ou traqueostomia. Aplica-se ao paciente em uso de tubo orotraqueal, nasotraqueal ou traqueostomia.

11. Tratamento para melhora da função pulmonar. Fisioterapia torácica, espirometria estimulada, terapia de inalação, aspiração endotraqueal. Aplica-se ao paciente que tenha recebido qualquer tratamento para a melhora da função pulmonar, feito em qualquer frequência. Inclui exercícios respiratórios com aparelho.

## 7.1.3 Suporte cardiovascular

12. Medicação vasoativa única. Qualquer droga vasoativa. Aplica-se ao paciente que tenha recebido só uma droga vasoativa, independentemente do tipo de dose (noradrenalina, dopamina, dobutamina, nitroprussiato de sódio etc.).
13. Medicação vasoativa múltipla. Mais uma droga vasoativa, independentemente do tipo e da dose. Aplica-se ao paciente que tenha recebido duas ou mais drogas vasoativas, independentemente do tipo e da dose (noradrenalina, dopamina, dobutamina, nitroprussiato de sódio etc.).
14. Reposição endovenosa de grandes perdas volêmicas. Administração de volume > 4,5 litros/dia, independentemente do tipo de fluido administrado. Aplica-se a paciente que tenha recebido quantidade maior do que 4,5 litros de solução por dia, independentemente do tipo de fluido administrado.
15. Cateter arterial periférico. Aplica-se ao paciente que tenha usado um ou mais cateteres em artéria periférica.
16. Monitoração do átrio esquerdo. Cateter de artéria pulmonar com ou sem medida de débito cardíaco. Aplica-se ao paciente que tenha usado cateter em artéria pulmonar.
17. Via venosa central. Aplica-se ao paciente com um ou mais cateteres em veia venosa central, excluindo cateter de Swan-Ganz.
18. Ressuscitação cardiopulmonar, depois de parada cardiorrespiratória nas últimas 24 horas (exclui soco precordial). Aplica-se ao paciente que tenha tido PCR e recebido medidas de reanimação, excluindo soco precordial.

## 7.1.4 Suporte renal

19. Técnicas de hemofiltração. Técnicas dialíticas. Aplicam-se ao paciente que tenha recebido qualquer tipo de procedimento dialítico, intermitente ou contínuo.
20. Medida quantitativa do débito urinário. Aplica-se ao doente com controle de diurese, com ou sem algum tipo de cateter urinário.
21. Diurese ativa. Aplica-se ao paciente que tenha recebido qualquer droga para estimular a produção de urina (furosemide, manitol, aldactone, diamox, higroton etc.).

## 7.1.5 Suporte neurológico

22. Medida de pressão intracraniana. Aplica-se ao paciente que mantém artefatos para monitoração da PIC.

## 7.1.6 Suporte metabólico

23. Tratamento medicamentoso da acidose/alcalose metabólica complicada. Aplica-se ao paciente que recebeu droga específica para a correção de acidose ou alcalose metabólica, excluindo-se a reposição volêmica para corrigir alcalose (bicarbonato de sódio, cloreto de amônia, diamox etc.).
24. Nutrição parenteral total (NPT). Aplica-se ao paciente que recebeu infusão venosa central ou periférica de substâncias com a finalidade de suprir as necessidades nutricionais.

25. Nutrição enteral através da sonda nasogástrica ou outra via gastrintestinal. Aplica-se ao paciente que recebeu substâncias para suprir as necessidades nutricionais, por meio de sonda, por qualquer via do trato gastrintestinal.

### 7.1.7 Intervenções específicas

26. Intervenção específica única na UTI. Intubação naso/ortotraqueal ou traqueostomia, introdução de marca-passo, cardioversão, endoscopia, cirurgia de emergência nas últimas 24 horas, lavagem gástrica: não estão incluídas intervenções de rotina sem consequências diretas para as condições clínicas do paciente, como radiografias, icnografias, eletrocardiograma, curativos, introdução de cateter venoso ou arterial. Aplica-se ao paciente submetido a uma única intervenção diagnóstica ou terapêutica, entre as listadas, feita dentro da UTI.
27. Intervenções específicas múltiplas na UTI. Mais que uma conforme descritas acima. Aplica-se ao paciente submetido a duas ou mais intervenções diagnósticas ou terapêuticas, entre as listadas, executadas dentro da UTI.
28. Intervenções específicas fora da UTI. Procedimentos diagnósticos ou cirúrgicos. Aplica-se ao paciente submetido a uma ou mais intervenções diagnósticas ou terapêuticas feitas fora da UTI.

## 7.2 Avaliação da qualidade por meio de indicadores

Para Worthen, Sanders e Fitzpatrick (2001), qualquer discussão a respeito de qualidade implica, implícita ou explicitamente, a noção de avaliação. Trata-se de um processo por meio do qual se determina o valor de algo, ou seja, trata-se de determinar se certo objeto, descrito e especificado, ao qual se opõe uma definição prévia sobre como deveria ser, é bom, mau, correto, incorreto, vale ou não a pena, está sendo executado da maneira mais eficiente ou mais eficaz. A descoberta de novos procedimentos, a geração de conhecimentos e o relacionamento entre partes têm mais a ver com o que se chama de "investigação".

Esse tipo de julgamento aumenta sua legitimidade diante da explicitação dos critérios adotados, uma vez que a avaliação não necessariamente deve ser partilhada por todos os que desta tomam conhecimento. Ter ciência dos critérios permite saber se o julgamento pode ou não ser considerado válido pelo observador. Apenas dizer "gosto" ou "não gosto" é emitir juízos de valor, caracterizando um julgamento, porém não uma avaliação.

A avaliação de determinado programa de saúde pode ser feita à luz da visibilidade por ele obtida, de quanto custou, da satisfação dos usuários, da mudança nos indicadores. Valorizar a satisfação dos usuários pode ser secundário diante da exposição na imprensa, dependendo de quem olha. A avaliação não é neutra: o avaliador influi na avaliação e esta pode ser dita, com ainda maior peso, de quem a encomendou. No entanto, a mera apresentação do resultado da avaliação não permite saber o que foi valorizado. Em contrapartida, apenas explicitar o critério não significa avaliar. Assim, avaliação implica dizer o que está sob avaliação (ou que parte do todo), com que critérios, por quem, a pedido de quem e qual foi o resultado.

Cada vez mais, com esse tipo de esclarecimento, deve ficar patente o que vem sendo escrito há anos, pelo menos na área de saúde: que se trata de um processo, sem começo nem fim claramente identificados, que passa por diversos momentos. A emissão dos julgamentos é apenas um deles.

Por isso, um manual de avaliação pode definir grandes perguntas a fazer, mas não especificar os itens. Uma das grandes perguntas seria se o programa está ou não fazendo o que se espera dele.

Trata-se também de diferenciar entre o desempenho e o mérito de um projeto. No entanto, os resultados obtidos, observando as mudanças nos indicadores, se o trabalho for executado apenas pelo setor de saúde, tendem a ser mais limitados do que se houver uma abordagem intersetorial.

Um projeto de alto mérito não necessariamente deve ter um desempenho ótimo. Pode-se dizer que ele se justifica por si próprio (o que, dependendo dos critérios adotados, pode ser visto como verdadeiro ou não). Além disso, há áreas nas quais se trabalha com valores intrínsecos, e saúde é uma delas.

O raciocínio mais comum a respeito de avaliação é o de que ela serve para descobrir, medir, analisar resultados, depois de concluído o objeto (projeto, curso, programa, atividade etc). Em última instância, sua definição é vista como seu objetivo, o que significa confundir conceitos. Pode-se dizer que a avaliação serve basicamente para conhecer o objeto e para aprimorá-lo. Entre as respostas que se podem obter do processo, há análises comparativas: se aquilo que se está fazendo no momento da avaliação é melhor ou pior que o que se fazia anteriormente (por exemplo, estrutura organizacional nova *versus* estrutura organizacional anterior); e estudos pontuais: esse projeto valeu ou não a pena (por exemplo, um projeto de investimento em obras contra enchentes).

Há, nesse sentido, dois tipos de avaliação: a primeira, para partilhar informações com os envolvidos no projeto ou programa, de modo a que eles saibam como está sendo feita a avaliação e quais os julgamentos que estão sendo atribuídos no decorrer da atividade.

Certamente, essa chamada avaliação formativa é contínua, participativa e pode se beneficiar do concurso dos envolvidos (o acompanhamento de um programa de atração de mulheres para fazer o pré-natal, por exemplo, tende a ser mais eficaz quando adotado com alta periodicidade, permitindo corrigir rumos antes de se chegar à conclusão de que o programa foi um fracasso um ano depois de iniciado; com isso, os envolvidos podem se dar conta de quais das ações por eles executadas estão tendo os resultados esperados e quais não). Pode ocorrer a solicitação de um agente externo para coordenar os esforços da equipe interna de avaliação.

A segunda modalidade de avaliação é aquela chamada avaliação somativa, mais comum e geralmente feita no fim do projeto (ou no fim do prazo estipulado ou dos recursos disponíveis ou do cronograma estabelecido) (Worthen, Sanders e Fitzpatrick, 2001). Nesse caso, costuma ser esforço de um momento, com começo, meio e fim claramente estipulados, e encomendado a atores externos aos executores do objeto. No entanto, os avaliadores externos não podem prescindir de informações colhidas internamente à organização/ao projeto.

É muito difícil avaliar a assistência oferecida por um hospital sem recorrer às informações produzidas e adotadas por seus trabalhadores. No entanto, ainda há que considerar o fato de que qualquer fonte interna de informação deve ter esclarecido até que ponto ela pode ser levada em conta como fidedigna. Isso implica levantar possíveis conflitos de interesse ou vieses. Por exemplo, um funcionário da rede pública tenderá a ter apreciação diferente do que lá ocorre de acordo com alguns fatores, como se sua categoria profissional tem salário acima ou abaixo de mercado ou se corre risco de corte, ou, ainda, se ele tem relação com a atual gestão ou se é da oposição.

Um problema comum a esse tipo de esforço é que não necessariamente o fim do prazo ou do recurso significa o fim do tempo de maturação do objeto. Assim, a avaliação somativa, idealmente finalista, quando feita com oportunidade questionável, irá se referir a resultados diferentes daqueles que se pretendia medir (a redução de indicadores de mortalidade infantil ou de incidência de determinada enfermidade prevenível por vacina só pode ser observada meses depois de findas as atividades desencadeadas em razão desses indicadores).

Ambos os tipos de avaliação não precisam representar, porém, processos tão separados. Um mesmo projeto pode ser avaliado com intuitos formativos e somativos, usando avaliadores internos e externos, em diferentes momentos institucionais. Trata-se de definir ou identificar (dependendo do *locus* institucional no qual se esteja) o propósito a que se está servindo e para o interesse de quem. Dessa forma, a cada momento, os diferentes tomadores de decisão terão como decidir quanto a quais programas, quais projetos e quais processos manter e quais alterar.

A avaliação cuja ideia se está tentando transmitir pode servir a diversos interessados: os tomadores de decisão, que podem decidir com mais informações relevantes a respeito de suas questões; os trabalhadores, que podem melhorar seu desempenho e o dos projetos nos quais estão envolvidos; os financiadores, que podem analisar se seus investimentos estão sendo apropriados; a população, que pode decidir se lhe agradam ou não os projetos em andamento. Enfim, a listagem pode e deve aumentar o grau de análise usado, pois cada uma das categorias descritas é muito sintética e abrange diversas subcategorias.

Uma questão a considerar é qual(is) dessa(s) categoria(s) se pretende, de fato, atender. Pode-se chegar a uma resposta a respeito do assunto descobrindo quais as fontes de critério adotadas pelos avaliadores/responsáveis pelo desenho da avaliação. Esse tipo de informação não é colocado à disposição de forma rotineira. A prática também demonstra que não se pode esperar que os critérios sejam apresentados com tanta facilidade. O processo avaliativo na saúde se dá de modo gradual e lentificado. É preciso avaliar a qualidade do atendimento da instituição, mas isso não é feito de um dia para o outro.

O alcance da qualidade da assistência à saúde é um objetivo que vem sendo almejado pelas instituições, preocupadas em garantir, por meio de suas ações, o exercício profissional e de cidadania aos clientes externos e internos.

Em 1952, a ONU convocou um grupo de trabalho para estudar métodos satisfatórios para definir e avaliar o nível de vida de uma população. Esse grupo concluiu não ser possível adotar um único índice que traduza o nível de vida de uma população; é preciso empregar abordagem pluralista, considerando-se, para tanto, vários componentes passíveis de quantificação. Doze foram os componentes sugeridos: saúde, incluindo condições demográficas; alimentos e nutrição; educação, incluindo alfabetização e ensino técnico; condições de trabalho; situação em matéria de emprego; consumo e economia gerais; transporte; moradia, com inclusão de saneamento e instalações domésticas; vestuário; recreação; segurança social; e liberdade humana. A definição de saúde da nossa Constituição de 1988 também transcende a área estrita da saúde.

O uso de indicadores de saúde permite o estabelecimento de padrões, bem como o acompanhamento de sua evolução ao longo dos anos. Embora o uso de um único indicador isoladamente não possibilite o conhecimento da complexidade da realidade social, a associação de vários deles e, ainda, a comparação entre diferentes indicadores de distintas localidades facilitam sua compreensão.

Para a OMS (2002), esses indicadores gerais podem subdividir-se em três grupos:

- aqueles que tentam traduzir a saúde ou sua falta em um grupo populacional; por exemplo: razão de mortalidade proporcional, coeficiente geral de mortalidade, esperança de vida ao nascer, coeficiente de mortalidade infantil, coeficiente de mortalidade por doenças transmissíveis;
- aqueles que se referem às condições do meio e que têm influência sobre a saúde; por exemplo: saneamento básico;
- aqueles que procuram medir os recursos materiais e humanos relativos às atividades de saúde; por exemplo: número de unidades básicas de saúde, número de profissionais de saúde, número de leitos hospitalares e número de consultas em relação à determinada população.

Dadas as numerosas definições de saúde, a imprecisão destas e a dificuldade de mensurá-las, os indicadores mais empregados têm sido aqueles referentes à ausência de saúde – razão de mortalidade proporcional, coeficiente geral de mortalidade, esperança de vida ao nascer, coeficiente de mortalidade infantil, coeficiente de mortalidade por doenças específicas. Esses indicadores são bastante abrangentes, embora tenham sido empregados para comparar países em diferentes estágios de desenvolvimento econômico e social. Há necessidade de desenvolvimento de indicadores mais específicos e capazes de traduzir com fidedignidade a realidade e a complexidade da saúde, apontando, quando necessário, aspectos de maior interesse para uma dada realidade. Considerando-se os serviços de saúde em geral, é possível empregar indicadores que analisem as várias dimensões da qualidade propostas por Donabedian (1999) (os sete pilares) – eficiência, eficácia, efetividade, otimização, aceitabilidade, legitimidade e equidade. O enfoque tradicional considera principalmente a estrutura, objeto muito mais fácil de ser caracterizado, avaliado e medido. A ênfase nos indicadores de resultados da assistência sempre foi uma aspiração, mas esbarrava na necessidade de definição sobre como construí-los. Sabe-se que resultados guardam íntima relação com os processos, mas esse conhecimento não basta para identificar indicadores apropriados.

Indicadores podem e devem ser usados como ferramentas para auxiliar o gerenciamento da qualidade. Eles devem evidenciar padrões relacionados à estrutura, ao processo e ao resultado desejáveis de um sistema. Fornecem uma base quantitativa para médicos, instituições prestadoras de serviços, fontes pagadoras e planejadores, com o objetivo de atingir melhoria da assistência e dos processos relacionados à assistência (ISQua, 1999).

O encontro anual da International Society for Quality in Healthcare (ISQua) também aponta que indicadores devem incluir áreas de significância clínica para determinada população, isto é, deverão enfocar situações clínicas relevantes e referir-se a intercorrências ou complicações de um procedimento importante, ou, ainda, representar custo elevado.

Ainda hoje, determinações precisas da qualidade da assistência carecem de revisões sistemáticas, tanto de processos quanto de resultados. Conceitos como os de boa prática, por mais clara que seja sua compreensão, são interpretados de maneiras diferentes. Há mais de uma boa prática possível, e não se pode esquecer que o emprego da boa prática não garante resultados adequados/satisfatórios.

Para Mainz (2001), indicadores podem ser usados para:

- documentar a qualidade da assistência;
- comparar instituições e setores em uma mesma instituição ao longo do tempo;
- avaliar;
- estabelecer prioridades;
- demonstrar a confiabilidade e a transparência dos serviços prestados para a sociedade;
- melhorar continuamente a qualidade.

O indicador ideal deve detectar o maior número de casos nos quais há um problema (no caso) de qualidade e o menor número de casos possível em que haja problema de qualidade. Ou seja, preferencialmente, o indicador deve apresentar alta sensibilidade e alta especificidade, por exemplo: alta rotatividade de profissionais num determinado serviço de saúde.

O indicador deve ser escolhido de modo a apontar problemas de qualidade relevantes para os tomadores de decisão ou para os envolvidos na situação em estudo.

Para cada realidade, é preciso examinar os indicadores mais apropriados para atender às necessidades daquele serviço. Essa escolha deve basear-se ainda na aprovação do grupo que deverá adotá-los, isto é, em se tratando de um indicador clínico, deverá atender às expectativas dos profissionais; caso se refira à assistência à saúde, deverá ser escolhido e aprovado por todo o grupo de profissionais envolvidos.

Para garantir o acesso a um conjunto de indicadores, sobretudo no que diz respeito ao apoio à decisão, é fundamental a existência de sistema de informação capaz de propiciar maiores e melhores elementos para a construção e o uso de indicadores. Dados simplesmente não correspondem à informação, devendo ser trabalhados para permitir que deles sejam extraídas as informações necessárias, sendo a enfermagem fundamental nesse processo. Dados incompletos ou não confiáveis, falta de interesse por parte dos envolvidos na coleta, na análise e no uso, bem como falta de reconhecimento da importância de seu uso são fatores determinantes para o mau uso de indicadores. Pensar, hoje, no emprego de indicadores como uma boa ferramenta de gestão implica, necessariamente, acesso a dados e facilidade em seu manuseio.

## 7.3 Considerações finais

A preocupação com gestão e qualidade na área da saúde não é um assunto recente; corresponde às propostas de sistematização e organização dos serviços à luz do movimento da qualidade, um ciclo na evolução do pensamento administrativo.

A enfermagem participa ativamente desse movimento, por sua importância e presença nas instituições, bem como no processo de produção em saúde.

A gestão participativa, a qualidade, os indicadores de qualidade e o processo de avaliação, no entanto, não devem ser tomados como um fim, mas, sim, como um meio para se alcançar uma assistência à saúde mais humana e que tenha como uma de suas premissas o respeito ao ser humano, ao cidadão.

Para que se possa caminhar na direção da qualidade dos serviços, é necessário incorporar os conceitos de responsabilidade, autoridade compartilhada e trabalho em equipe, tendo-se como base, alicerce, pilar central, a educação contínua, o treinamento e o envolvimento das pessoas.

A aplicação de indicadores restritos ao trabalho da enfermagem permite visualizar uma nova tendência da prática de enfermagem, que, no momento, se desenvolve na maioria dos cenários de saúde, de forma imediatista, centrada nos problemas visíveis e com pouco compromisso com os resultados que esses cuidados trarão aos pacientes.

A nova tendência a que nos referimos é acreditar que os indicadores permitem estabelecer cuidados dirigidos para resultados com qualidade e humanização. Estabelecer indicadores de enfermagem, se, por um lado, pode não reverter em melhoria salarial para a categoria, por outro, propicia uma série de resultados em relação à quantidade de trabalho da enfermagem feito e à eficiência desse trabalho. Esses são dados essenciais para pleitear futuramente qualquer tipo de vantagem para a categoria.

Os indicadores podem impactar nos seguintes aspectos: maior reconhecimento da capacidade de trabalho da enfermagem, mais respeito profissional, maior influência política no hospital, controle do desperdício, equipes mais bem informadas, maior taxa de ocupação hospitalar, menor tempo de internação, maior rotatividade de leitos, racionalização de custos, melhora da autoestima e da credibilidade da enfermagem, melhoria da qualidade da assistência, aumento da satisfação do cliente externo e interno, estabelecimento de um banco de dados da produtividade da enfermagem e contribuição para a melhoria da imagem do hospital.

Não devemos esquecer que esses indicadores são novos instrumentos de que a enfermagem deve lançar mão para oferecer a seu paciente o melhor tratamento, no menor espaço de tempo e com a maior resolutividade. É uma missão da enfermagem contribuir para que o paciente se reintegre a seu meio da melhor forma possível, e, para isso, é fundamental que se comece a avaliar quais cuidados produzem os melhores resultados para cada tipo de clientela.

## » Referências

Aguilar da Silva, R. H.; Tsuji, H. A gestão do conhecimento em metodologias ativas de ensino aprendizagem: uma reflexão do trabalho desenvolvido na Faculdade de Medicina de Marília. *Revista Gestão e Tecnologia*, Pedro Leopoldo, v. 7, n. 2, jul./dez. 2006.

Baggio, M. A. Relações humanas no ambiente de trabalho: o (des)cuidado de si do profissional de enfermagem. *Rev. Gaúch. Enferm.*, n. 28, v. 3, p. 409-15, 2007.

Bersusa, A. A. S.; Riccio, G. M. *Trabalho em equipe*: instrumentos básicos de enfermagem. São Paulo: Atheneu, 2000.

Campos, A. M. *O desafio de formar gestores*. Momento Acadêmico COPPEAD, Rio de Janeiro: UFRJ, 1995.

Campos, G. W. S. Considerações sobre a arte e ciência da mudança: revolução das coisas e reforma das pessoas: o caso da saúde. In: Cecilio, L. C. (Org.). *Inventando a mudança na saúde*. São Paulo: Hucitec, 1994. p. 29-87.

_____. *Um método para análise e cogestão de coletivos*. São Paulo: Hucitec, 2000.

_____. Subjetividade e administração de pessoal: considerações sobre modos de gerenciar o trabalho em equipes de saúde. In: Merhy, E. E.; Onocko, R. (Org.). *Agir em saúde*: um desafio para o público. São Paulo: Hucitec, 1997. p. 71-112.

Dejours C. Subjetividade, trabalho e ação. *Rev. Prod.*, n. 14, v. 3, p. 27-34, 2004.

Demo, P. *Participação é conquista*. São Paulo: Cortez, 1998.

Donabedian, A. *A gestão da qualidade total na perspectiva dos Serviços de Saúde*. Rio de Janeiro: Qualitymark, 1994.

Elias, A. C. G. P. et al. Aplicação do sistema de pontuação de intervenções terapêuticas (TISS 28) em unidade de terapia intensiva para avaliação da gravidade do paciente. *Rev. Latino-am. Enferm.*, n. 14, v. 3, p. 324-29, mai./jun. 2006.

Fitzpatrick, R. et al. Quality of life measures in health care: Applications and issues in assessment. *BMJ*, v. 305, n. 331, p. 1074-77, 1992.

Jacobi, P. Participação e gerência dos serviços de saúde: desafios e limites no município de São Paulo. *Revista de Administração Pública*, Rio de Janeiro, v. 2, n. 26, p. 32-43, 1992.

ISQua. 2nd *Isqua Meeting on Global Indicators for Patient Care*. Melbourne, 1999.

Mainz, J. *Defining Indicators*. Buenos Aires, 2001. [Palestra realizada no 4th ISQua Indicators Meeting on Global Indicators for Patient Care].

Martins, J. J.; Faria, E. M. O cotidiano do trabalho de enfermagem em UTI: prazer e sofrimento. *Texto Contexto Enferm.*, n. 11, v. 1, p. 222-43, 2002.

Merhy, E. E. O ato de governar as tensões constitutivas do agir em saúde como desafio permanente de algumas estratégias gerenciais. *Ciênc. Saúde Coletiva*, Rio de Janeiro, v. 4, n. 2, p. 305-14, 1999.

Merhy, E. E.; Onocko, R. (Org.). *Agir em saúde*: um desafio para o público. São Paulo: Hucitec; Buenos Aires: Lugar Editorial, 1997.

Oliveira, M. L. *Controle social e gestão participativa em saúde pública*: a experiência de conselhos gestores de unidades de saúde do município de Campo Grande/MS – 1994/2002. 2003. Tese (Doutorado em Saúde Pública) – Faculdade de Saúde Pública, Universidade de São Paulo, São Paulo, 2003.

OMS. *Avaliação dos Programas de Saúde*: normas fundamentais para sua aplicação no processo de gestação para o desenvolvimento nacional de saúde. Genebra: Organização Mundial de Saúde, 1981.

Organização Panamericana da Saúde. *Padrões e Indicadores de Qualidade para Hospitais* (Brasil). OPAS/HSS, 2002.

Ourcellón, A. A. et al. Revisión de los sistemas de medición de intervenciones de enfermería utilizados en Unidades de Cuidado Intensivo. *Rev. Chil. Med. Intens.*, n. 20, v. 4, p. 221-6, 2005.

Padilha, K.G. et al. Terapeutic intervetion scoringsystem – 28 (TISS 28): diretrizes para a aplicação. *Rev. Esc. Enferm. USP*, n. 39, v. 2, p. 229-33, 2005.

Perrenoud, P. *Novas competências parta ensinar*. Porto Alegre: Artmed, 2000.

Pires, D. *Reestruturação produtiva e trabalho em saúde no Brasil*. São Paulo: Annablume, 1998.

Prochnow, A.G. et al. O conflito como realidade e desafio cultural no exercício da gerência do enfermeiro. *Rev. Esc. Enferm. USP.*, n. 41, v. 4, p. 542-50, 2007.

Worthen, B. R.; Sanders, J. R.; Fitzpatrick, J. L. *Program Evaluation*: Alternative Approaches and Practical Guidelines. New York: Longman, 2001.

# 8

## Sistematização da assistência de enfermagem em alta complexidade

≫ *Juliana Faria Campos* | *Graciele Oroski*

A prática de enfermagem em alta complexidade representa um segmento especializado da assistência de enfermagem, dadas as peculiaridades da estrutura física dos setores e a dinâmica do processo de cuidar, altamente instrumentalizado, racionalizado e tecnológico, cujo objetivo é oferecer apoio e monitoração, bem como reabilitar pacientes com doenças graves e condições críticas de desequilíbrio da saúde (Souza et al., 2009).

Entre as características do trabalho desenvolvido nesses setores, temos: a incorporação de funções cada vez mais técnicas e especializadas; a imprevisibilidade do serviço com consequente necessidade de rápida tomada de decisões; a eleição de prioridades e criatividade; a exigência de competências e habilidades que contemplem a dinâmica da unidade; e a sofisticação das estruturas e das práticas (Campos, 2008).

São frequentes situações em que os pacientes críticos encontram-se totalmente dependentes da equipe para o atendimento de suas necessidades, pois eles necessitam de uma equipe experiente e treinada, capaz de proporcionar atendimento rápido e eficaz, assistência abrangente, interação entre serviços e equipes de saúde multiprofissionais, além de planejamento adequado para a alta. Os setores de alta complexidade apresentam uma clientela cuja gravidade e, consequentemente, cujas necessidades de cuidado são elevadas; logo, uma assistência planejada e sistematizada torna-se primordial, de modo a garantir qualidade, organização e eficácia das ações implementadas.

Diante dessa situação, os enfermeiros atuantes em ambientes de alta complexidade se tornarão peça fundamental no tratamento e na recuperação desses clientes. O planejamento de sua assistência deverá ser fundamentado em conhecimentos científicos e uso de raciocínio clínico.

Os cuidados críticos hoje são considerados desafiadores para a prática clínica dos enfermeiros, pois é imprescindível a articulação constante entre o estabelecimento de prioridades, a agilidade e a precisão na prestação dos cuidados. Essas três características aliadas, se operacionalizadas e sistematizadas, podem determinar o viver/morrer do cliente (Lima, 2007).

Para toda e qualquer assistência de enfermagem prestada ao cliente, torna-se imprescindível a incorporação da sistematização do cuidado segundo as etapas do processo de enfermagem, para que o saber/fazer aconteça baseado em um pensamento crítico e reflexivo sobre os problemas de enfermagem, e para que subsidie a eleição da intervenção mais apropriada (Lima, 2007).

Independentemente das peculiaridades na assistência prestada pelo profissional da equipe, torna-se importante inferir que o cuidado ao cliente é único e integrado; visa à melhoria de seu agravo, promovendo a recuperação de suas necessidades afetadas. No entanto, a prática do enfermeiro requer a aplicação da sistematização da assistência de enfermagem, mesmo que em condições de emergência, porque é por meio dele que o enfermeiro demonstra a diferenciação de sua prática, se comparada a outros profissionais da equipe de saúde.

A sistematização da assistência prestada ao cliente deve ser empregada para garantir atividades organizadas e planejadas para o alcance do restabelecimento do estado de agravo à saúde do cliente. Ainda que não registrada literalmente, mas cognitivamente praticada, a operacionalização do cuidado de enfermagem em alta complexidade deve respeitar as etapas básicas preestabelecidas no processo de enfermagem, fazendo que a qualidade e a eficiência da assistência prestada ao cliente sejam direcionadas para satisfazer suas necessidades (Lima, 2007).

## 8.1 Sistematização da assistência de enfermagem: aplicabilidade em situações críticas

A sistematização da assistência de enfermagem (SAE) é, atualmente, o meio mais concreto para o enfermeiro demarcar sua prática profissional mediante a aplicação de seus conhecimentos técnico, científico e humano para assistir ao paciente. A SAE organiza o trabalho profissional quanto a método, pessoal e instrumentos, tornando possível a operacionalização do Processo de Enfermagem (Brasil, 2009).

A Resolução Cofen nº 358/2009 enfatiza a necessidade de aplicação da sistematização da assistência na prática cotidiana da enfermagem em seus diferentes cenários de trabalho e a considera uma atividade privativa do enfermeiro, que usa método e estratégia de trabalho científico para a identificação das situações de saúde/doença, subsidiando ações de assistência de enfermagem que possam contribuir para a promoção, a prevenção, a recuperação e a reabilitação da saúde do indivíduo, da família e da comunidade. Dessa forma, a implementação da SAE, mais que uma opção para a organização do trabalho do enfermeiro, apresenta-se como uma questão deontológica para a enfermagem (Brasil, 2009).

De acordo com Aquino e Filho (2004, p. 61), a SAE é "todo o planejamento registrado da assistência que abrange desde a criação e a implementação do manual de normas e de rotinas das unidades à descrição padronizada até a adoção do Processo de Enfermagem".

Inúmeros são os benefícios resultantes da incorporação da SAE para a profissão, clientes, entendidos como: indivíduo, família e comunidade, e para o próprio profissional. Para a profissão, pode-se observar, por meio da SAE, o alcance da atividade de enfermagem de modo concreto, o que representa ferramenta útil para o registro de informações, garantindo uma base de dados à instituição com relação aos aspectos: assistenciais, gerenciais, financeiros e jurídico-legais. No que diz respeito ao cliente, permite-se o desvelamento de suas necessidades reais e potenciais, resultando em eficácia nas condutas adotadas com aumento na resolutividade do caso e menor tempo de internação, promovendo um cuidar de enfermagem humanizado, contínuo, mais justo e com qualidade para o paciente/cliente. Por último, a aplicação da SAE resulta em aumento da satisfação profissional em aperfeiçoamento profissional (Garcia e Nóbrega, 2009).

Na prática diária, em setores de alta complexidade, percebe-se que a aplicabilidade do processo de enfermagem muitas vezes encontra-se comprometida, em detrimento de condições críticas apresentadas pelos clientes que necessitam de intervenções imediatas. Alguns obstáculos são citados pelos profissionais como impeditivos para a aplicação da SAE. Os principais deles são o acúmulo de funções desempenhadas pelo enfermeiro e o tempo que o processo requer para ser feito, além de ser dificultoso por exigir uma base de conhecimentos científicos e biológicos, e habilidades indispensáveis a seu emprego.

O processo de enfermagem (PE) entendido por Iyer, Tapitch e Bernocchi-Losey (1993), e por Potter e Perry (2004) configura-se como método de sistematização do cuidado, por meio do qual o conhecimento teórico é aplicado à pratica de enfermagem. Trata-se de abordagem deliberativa de solução de problemas que exige habilidades cognitivas, técnicas e interpessoais, e está voltada à satisfação das necessidades do sistema: cliente/família/comunidade.

Processo de Enfermagem (PE) é um instrumento metodológico que orienta o cuidado profissional de enfermagem e a documentação da prática profissional (Brasil, 2009). Ele serve à atividade intelectual do enfermeiro e provê um guia para um determinado estilo de julgamento. Por ser um instrumento, seu uso pode ou não ser adequado, que, por si só, não é capaz de garantir a qualidade da assistência.

O Processo de Enfermagem, considerado a base de sustentação da SAE, é constituído por fases ou etapas que envolvem a identificação de problemas de saúde do cliente, o delineamento do diagnóstico de enfermagem, a instituição de um plano de cuidados, a implementação das ações planejadas e a avaliação (Borges, Pereira e Lemos, 2006).

O processo específico de trabalho da enfermagem demanda habilidades e capacidades cognitivas (pensamento, raciocínio), psicomotoras (físicas) e afetivas (emoções, sentimentos e valores), além de conhecimento e perícia no uso das técnicas de resolução de problemas e liderança na implantação do plano de intervenção (Kron e Gray, 1994). Essas habilidades e capacidades ajudam a determinar o que deve ser feito, por que deve ser feito, por quem deve ser feito, como deve ser feito, com que deve ser feito e que resultados são esperados com a execução da ação/intervenção de enfermagem (para que deve ser feito) (Garcia e Nóbrega, 2009).

Portanto, quando se elege a criação de tecnologias direcionadas ao atendimento do cliente crítico, entende-se que se está colaborando para uma prática clínica fundamentada nos princípios científicos da enfermagem, pois a SAE, como prática aplicada do PE, caracteriza-se por etapas preestabelecidas e correlacionadas, que, se aplicadas integralmente, podem ser definitivas para a restauração das condições de equilíbrio integral do estado de saúde do cliente.

O PE pode ser definido em termos de três grandes dimensões: propósito, organização e propriedades.

- *Propósito*: o propósito principal é de fornecer uma estrutura na qual as necessidades individualizadas do cliente, da família e da comunidade possam ser atendidas. O processo de enfermagem é uma série planejada de ações que visam executar o propósito de enfermagem – manter o mais satisfatório bem-estar do cliente – e, caso esse estado se altere, proporcionar a totalidade e a qualidade de cuidados de enfermagem que tal situação exija para direcioná-lo devolva ao bem-estar (Yura e Walsh, 1988).
- *Organização*: dividida em cinco fases: histórico, diagnóstico, planejamento, implementação e avaliação, descritas a frente.
- *Propriedades*: seis propriedades: é intencional, sistemático, dinâmico, interativo, flexível e baseado em teorias. É intencional, pelo fato de estar voltado para uma meta; é sistemático, por envolver o uso de uma abordagem organizada para alcançar seu propósito; é dinâmico, pois envolve mudanças contínuas; é interativo, por se basear nas relações recíprocas que se dão entre o enfermeiro e o cliente, a família e outros profissionais de saúde. A flexibilidade deve-se ao fato de poder ser adaptado à atividade de enfermagem em qualquer local ou área de especialização que lida com pessoas, grupos e comunidade, e as suas fases podem ser usadas de modo sequencial ou concomitante. O embasamento teórico ocorre pois é elaborado de uma ampla base de conhecimentos, que inclui as ciências físicas e biológicas e as humanas, e pode ser aplicado a todos os modelos teóricos de enfermagem.

Anteriormente, vimos que o PE é organizado em cinco etapas ou fases, em que cada uma é sistematizada e interligada às outras, sendo dependente da anterior para ser implementada. Dessa forma, as fases estão completamente correlacionadas e podem ser otimizadas de acordo com a demanda do cliente.

Sendo assim, será passado à explicitação das fases, uma vez que o processo de enfermagem está intrinsecamente ligado ao desenvolvimento das diretrizes clínicas e à sua aplicabilidade na prática assistencial do enfermeiro em alta complexidade.

## 8.1.1 Histórico de enfermagem

A primeira etapa é o histórico de enfermagem, sendo caracterizado pela coleta de informações referentes ao cliente, à família e à comunidade, e deve ser feita de forma sistematizada, com o propósito de identificar as necessidades, os problemas, as preocupações e as reações humanas do cliente.

A coleta de dados é uma fase guiada pelos conceitos de modelo de assistência, que auxiliam na construção do instrumento (direcionando à coleta e auxiliando na organização e na seleção de dados significativos). A escolha de um modelo de assistência deve acontecer mediante informações básicas, que permitam conhecer o perfil da clientela, os profissionais e o ambiente em que este será aplicado. Um exemplo de modelo assistencial extremamente empregado no Brasil é o de Wanda Horta, que se baseia nas necessidades humanas básicas.

Mediante a coleta de dados, podemos identificar os problemas reais ou potenciais do cliente, de forma a subsidiar o plano de cuidados e atender às necessidades encontradas prevenindo as complicações. É uma das etapas do PE que mais exigem tempo e trabalho, reunindo informações indispensáveis à comprovação da hipótese.

Os dados sobre o estado de saúde do cliente podem ser obtidos de modo direto, coletados diretamente do cliente por meio de anamnese e de exame físico, ou indireto, obtidos por outra fonte, como familiares, amigos, prontuário, registro de outros profissionais da equipe de saúde, exames laboratoriais, entre outros. Esses dados podem ser objetivos, gerados de observação profissional, ou subjetivos, gerados da afirmação do cliente, como a dor.

Torna-se mister retratar que o estabelecimento da comunicação adequada entre os membros da equipe multiprofissional é imprescindível nas práticas clínicas diárias dos intensivistas, sendo a primeira ferramenta tecnológica para aplicabilidade do PE e, por conseguinte, uma SAE operacionalizável e construtivista. Como exemplo, podem-se citar as discussões clínicas feitas diariamente intra e interequipes como estratégia para o estabelecimento de prioridades diagnósticas, investigativas e intervencionistas, com vistas à recuperação do cliente, também conhecidos como *rounds* interdisciplinares. Posto isso, a possibilidade dos entraves e a dubiedade das informações ficam minimizadas, subsidiando a elaboração de medidas uníssonas e colaborativas entre os pares. Por fim, os dados que se apresentarem significativos devem ser (inter)comunicados aos demais membros da equipe interdisciplinar e ser fundamentalmente registrados, com vistas a promover a continuidade da assistência e a veracidade das anotações.

Uma característica muito peculiar e comum dos clientes de alta complexidade é o déficit na comunicação, seja por alteração do nível de consciência, por uso de medicações sedativas ou dispositivos de ventilação mecânica, ou pelo quadro de instabilidade. A abordagem para a coleta de dados nesses clientes deve ser diferenciada, já que o modelo convencional, consulta de enfermagem direta com o cliente, não atende. Nesses casos, pressupomos que o acolhimento requerido pelo cliente estende-se à família e a seus correlatos, em que esses são coparticipantes diretos e indiretos do cuidado dispensado a essa clientela. Esta, por requerer da equipe envolvida cuidados complexos sob diversas esferas (clínica, afetiva, piscossocial etc.), gera demanda à família para esclarecimentos e dúvidas e singularidades, ora não (re)veladas por impossibilidades clínicas, estruturais ou pessoais. Portanto, considerar a família membro colaborador no cuidado ao cliente crítico torna-se indispensável à equipe multidisciplinar.

Como estratégia, pode-se programar, no momento mais oportuno da admissão do cliente no setor de alta complexidade, uma entrevista com a família ou com os responsáveis. Nesta, além de informações sobre o quadro atual do cliente e seus hábitos de vida, temos a oportunidade de criar vínculos com eles, o que favorecerá e facilitará a relação família/equipe.

É necessário assegurar que as informações obtidas sejam efetivas, completas e organizadas para auxiliar na aquisição de um senso de padrão entre saúde e doença.

A coleta de dados integra:

- *Observação*: envolve órgãos de sentido (inspeção, ausculta, palpação e percussão).
- *Interação*: entrevista (estruturada, aberta, semiestruturada) e questionário (troca verbal, técnicas grupais ou individuais).
- *Mensuração*: observação com instrumento (antropometria).

A coleta de dados objetiva a identificação de problemas atuais de saúde, estado de saúde anterior, risco para problemas potenciais e reações a intervenções médicas e de enfermagem. O cliente deve ser avaliado integralmente quanto às suas necessidades, razão pela qual as dimensões física, emocional, social, espiritual e intelectual devem ser consideradas.

O uso de instrumentos investigativos para coleta de dados e registro, como o uso de *checklists*, podem direcionar e priorizar a coleta de dados no cliente crítico, dadas as suas particularidades, a tecnologia encontrada no setor e as inúmeras necessidades que poderão estar afetadas.

Os dados coletados devem ser agrupados de acordo com padrões de respostas ou padrões de funcionamento humano, de modo que informações relacionadas permaneçam em um mesmo conjunto; por exemplo: dados como esforço respiratório, cianose e uso de musculatura acessória devem ser agrupados em padrão respiratório. Com base nesse agrupamento, o enfermeiro deverá decidir o que é relevante e direcionar a investigação para aquisição de mais dados. No exemplo, podem-se avaliar exames laboratoriais, como a gasometria arterial.

Por fim, os dados que se apresentarem significativos devem ser comunicados aos demais membros da equipe interdisciplinar e ser registrados, visando promover a continuidade da assistência e a veracidade das anotações.

## 8.1.2 Diagnósticos de enfermagem

A segunda etapa é a eleição do diagnóstico de enfermagem (DE), quando os dados coletados no histórico são analisados e interpretados criteriosamente, permitindo que as conclusões quanto às necessidades, aos problemas, às preocupações e às reações humanas do cliente sejam feitas. Com base no DE, é elaborado, implementado e avaliado o plano de cuidados, que está inserido na terceira etapa, a do planejamento.

O DE é uma afirmação sumária, concisa, que identifica problemas do cliente e os torna passíveis de serem tratados por intervenções de enfermagem.

> É um julgamento clínico das respostas do indivíduo, da família ou da comunidade aos processos vitais ou aos problemas de saúde reais ou potenciais, os quais fornecem a base para a seleção das intervenções de enfermagem, para atingir resultados pelos quais o enfermeiro é responsável. (NANDA, 2002, p. 271)

De acordo com a Resolução 358/2009 do Cofen, em seu 4º artigo, observadas as disposições da Lei nº 7.498, de 25 de junho de 1986, e do Decreto nº

94.406, de 8 de junho de 1987, que a regulamenta, a liderança na execução e na avaliação do PE, de modo a alcançar os resultados de enfermagem esperados, cabe ao enfermeiro, privativamente, o DE acerca das respostas da pessoa, da família ou da coletividade humana em um dado momento do processo saúde e doença, bem como a prescrição das ações ou intervenções de enfermagem a serem adotadas em face dessas respostas (Brasil, 2009).

A enfermagem tem se aproximado dos sistemas de classificação, com o intuito de se afastar do referencial que a guiou nas últimas décadas: o das técnicas e do tratamento curativo/interventivo e descontextualizado. Busca-se um referencial centrado no cuidado específico embasado em novos saberes, valores, conhecimentos e contextualizado.

A adoção de sistemas de classificação permite o uso de uma linguagem única e padronizada, a qual favorece o processo de comunicação, a compilação de dados para o planejamento da assistência, o desenvolvimento de pesquisas, o processo de ensino-aprendizagem profissional e, fundamentalmente, confere cientificidade ao cuidado.

Portanto, é impreterível a normatização da terminologia para possibilitar a uniformidade do significado dos termos e seu uso científico. Com isso, torna-se possível que os termos empregados pelos profissionais transmitam a todos o mesmo significado e que a eficácia desejada na comunicação seja atingida.

Com o intuito de satisfazer a necessidade de padronizar a linguagem, diferentes sistemas de classificação foram desenvolvidos. Destaca-se a North American Nursing Diagnosis Association (NANDA), desenvolvida em 1982, que propõe a classificação de diagnósticos de enfermagem, atualmente intitulada NANDA International (NANDA-I). Trata-se de taxonomia amplamente aceita, reconhecida e usada pelos enfermeiros em todo o mundo. Em 1987, a Nursing Interventions Classification (NIC) foi apresentada como proposta de classificação das intervenções de enfermagem. Por fim, em 1991, vindo ao encontro da crescente necessidade dos profissionais de enfermagem em mensurar os resultados de suas ações, foi lançada a Nursing Outcomes Classification (NOC), que consiste em proposta de classificação dos resultados de enfermagem. Essas três classificações estão inter-relacionadas. Entre outras taxonomias empregadas, cita-se a Classificação Internacional para a Prática de Enfermagem (CIPE). Será adotada aqui a taxonomia NANDA-I.

A taxonomia NANDA-I tem três níveis: domínio, classes e diagnósticos de enfermagem.

Um domínio é uma esfera de atividade, estudo ou interesse (Roget, 1980), por exemplo, "Domínio: Nutrição".

Uma classe é uma "subdivisão de um grupo maior, uma divisão de pessoas ou coisas por qualidade, classificação ou grau" (Roget, 1980, p. 157); por exemplo, dentro do "Domínio Nutrição" temos as seguintes classes: ingestão, digestão, absorção, metabolismo e hidratação.

A definição de DE reitera a já discutida anteriormente. Essa taxonomia conta com 13 domínios, 47 classes e 201 diagnósticos de enfermagem.

### 8.1.2.1 Componentes estruturais dos diagnósticos de enfermagem

- *Título*: entendido como um nome para o diagnóstico. Constitui um termo que representa um padrão de sugestão. Por exemplo: intolerância à atividade; volume de líquidos excessivo.
- *Fatores relacionados*: constituem a etiologia, a causa do problema. Podem ser de natureza fisiológica, espiritual, sociocultural, psicológica e ambiental. Com base nesses, as intervenções serão sugeridas. Usam-se as expressões: relacionado a ou associado a. Por exemplo: volume de

líquidos excessivo *relacionado à ingesta excessiva de sódio,* caracterizado por edema e eletrólitos alterados.

- *Características definidoras*: são entendidos como as manifestações clínicas apresentadas pelo cliente, os sinais e os sintomas, as evidências que levaram o profissional a concluir que a existência de um problema. Usam-se as expressões: caracterizado por ou evidenciado por. Por exemplo: volume de líquidos excessivo relacionado à ingesta excessiva de sódio *caracterizado por edema e eletrólitos alterados*.

- *Fatores de risco*: fatores de natureza ambiental, fisiológica, psicológica, genética ou química que predispõem um indivíduo, uma família ou uma comunidade a um problema. Por exemplo: risco de infecção relacionado à procedimentos invasivos.

## 8.1.2.2 Tipos de diagnósticos

- *Diagnóstico de enfermagem real*: descreve respostas humanas às condições de saúde presentes no momento. São sustentados pelas características definidoras.

- *Diagnóstico de enfermagem de risco*: descreve respostas humanas às condições de saúde que podem desenvolver-se em um indivíduo, uma família ou uma comunidade. É sustentado por fatores de risco. Não tem características definidoras.

- *Diagnóstico de enfermagem de bem-estar*: descreve respostas humanas em níveis de bem-estar em um indivíduo, uma família ou uma comunidade que tem potencial de aumento para um estado mais alto.

### 8.1.2.3 Raciocínio clínico

O raciocínio clínico é um processo de pensamento caracterizado por um *continuum* de tomada de decisões para definir o melhor diagnóstico e a melhor intervenção, bem como verificar os efeitos da intervenção (resultados). Para tanto, é aplicável e ferramenta imprescindível para a elaboração do DE com excelência. Então, como iniciar a investigação diagnóstica?

Os componentes que sustentam a formulação dos diagnósticos são: coleta de dados, geração de hipótese, teste de hipóteses, denominação do diagnóstico e identificação de fatores relacionados.

- *Coleta de dados*: entrevista, exame físico, observação, consulta a registros com identificação de indicativos potenciais para os diagnósticos.
- *Geração de hipóteses*: análise, identificação dos dados relevantes e agrupamento destes. O conhecimento das características definidoras dos diagnósticos guia a geração de hipóteses. O conhecimento da prevalência e da incidência das condições descritas pelos diagnósticos aumenta a eficiência porque guia o pensamento sobre as possibilidades para explicar os dados. O acesso ao conhecimento clínico armazenado na memória remota auxilia a identificação de respostas disfuncionais.
- *Teste de hipóteses*: busca de dados que confirmem ou neguem as hipóteses, com base no conhecimento das características definidoras, dos fatores de risco e dos fatores relacionados dos diagnósticos.
- *Denominação do diagnóstico*: decisão sobre a melhor explanação para os dados agrupados requer conhecimento sobre os diagnósticos, suas definições e características definidoras para facilitar a fundamentação da decisão quanto ao melhor diagnóstico (melhor das hipóteses geradas).

- *Identificação dos fatores relacionados*: são os fatores que favorecem o diagnóstico aceito mediante conhecimento das relações entre os diagnósticos e as condições que os favorecem; guia a formulação dos fatores etiológicos relacionados na afirmação diagnóstica.

Por exemplo: A. M. D., 46 anos, sexo masculino, casado, três filhos, admitido com quadro de insuficiência cardíaca descompensada em uso de Furosemida, Digoxina, Amiodarona e Captopril, *estas desconhecidas por ele*. Referiu ter sido orientado para reduzir a ingesta hídrica diária, no máximo 800 ml, fazer repouso e a usar pouco sal na alimentação. Acreditava que a água é essencial para a vida e, por isso, *não seguia a recomendação de restrição*. Fazia repouso porque sentia *muita falta de ar quando realizava qualquer atividade* e seguia a recomendação de usar pouco sal. Informou *urinar duas ou três vezes por dia em pequenas quantidades* e que, no último mês, *ganhou 3 kg*, apesar de não ter modificado sua alimentação. Ao exame físico, identificaram-se: *FR= 38 mov/min*; *respiração superficial* e rítmica; presença de *estertores em bases pulmonares*; *intolerância ao decúbito horizontal*; FC = 98 bat/min; *pulso arrítmico*; estase jugular com cabeceira a 45°; T (axilar) = 36 °C; *PA = 90/50 mmHg*; *edema intenso de extremidades inferiores*; *palidez cutânea*.

Encontram-se no exemplo em destaque alguns dados considerados relevantes neste caso.

Para a geração de hipóteses, precisamos interconectar as fases de:

- *Análise*: separar o todo em partes.
- *Identificação dos dados relevantes*: inferir sobre os dados que podem ser características definidoras ou fatores relacionados.
- *Agrupamento*: reunir os dados relevantes que, em conjunto, possam "significar" um diagnóstico.

Agora, serão agrupados os dados relevantes. Para fins didáticos, será trabalhado com apenas alguns dados.

- *Respiratório*: falta de ar, FR = 38 mov/min; respiração superficial e rítmica; presença de estertores em bases pulmonares; intolerância ao decúbito horizontal; palidez cutânea.
- *Líquidos*: não seguia a recomendação de restrição; urinar duas ou três vezes por dia em pequenas quantidades; ganho de 3 kg; estertores em bases pulmonares; intolerância ao decúbito horizontal; estase jugular com cabeceira a 45°; edema intenso de extremidades inferiores.

Será tratado, agora, da geração de hipóteses. De quais diagnósticos os dados podem ser características definidoras?

- Não seguia a recomendação de restrição.
  - Déficit de conhecimentos, risco para controle ineficaz dos tratamentos, controle ineficaz do tratamento, falta de adesão.
- Urinar duas ou três vezes por dia em pequenas quantidades.
  - Alteração da eliminação urinária, déficit de volume de líquidos, excesso de volume de líquidos, débito cardíaco diminuído.
- Ganho de 3 kg.
  - Nutrição alterada, excesso de volume de líquidos, débito cardíaco diminuído.
- FR = 38 mov/min.
  - Padrão respiratório alterado, intolerância à atividade, excesso de volume de líquidos, débito cardíaco diminuído, ansiedade, trocas gasosas prejudicadas.

Sentia muita falta de ar.

- Intolerância à atividade, padrão respiratório ineficaz.
- Respiração superficial.
  - Padrão respiratório alterado, intolerância à atividade, excesso de volume de líquidos, débito cardíaco diminuído, ansiedade, trocas gasosas prejudicadas.
- Estertores em bases pulmonares.
  - Excesso de volume de líquidos, débito cardíaco diminuído.
- Intolerância ao decúbito horizontal.
  - Excesso de volume de líquidos, débito cardíaco diminuído, trocas gasosas prejudicadas.
- Pulso arrítmico.
  - Débito cardíaco diminuído, excesso de volume de líquidos, intolerância à atividade, diminuição do volume de líquidos.
- Estase jugular.
  - Excesso de volume de líquidos, débito cardíaco diminuído.
- Edema.
  - Excesso de volume de líquidos, débito cardíaco diminuído.
- Palidez cutânea.
  - Débito cardíaco diminuído, nutrição alterada.

Depois de gerar essas hipóteses, é preciso testá-las, buscando dados que as confirmem ou as neguem. A leitura da definição dos diagnósticos, que delineia o significado do problema de modo claro e preciso, pode ajudar a diferenciar diagnósticos parecidos e confirmar a hipótese. Além disso, mais dados podem ser coletados para confirmar ou descartar uma hipótese, usando uma coleta de dados focalizada. Por exemplo: se há dúvida se o paciente tem o DE "troca de gases prejudicada", é possível obter mais dados pela análise de uma gasometria arterial.

Para completar o raciocínio, deve-se correlacionar os diagnósticos de enfermagem e suas características definidoras a seu fator etiológico, ou seja, os fatores relacionados. É importante lembrar-se de que as características definidoras e os fatores relacionados serão identificados por meio da anamnese e do exame físico.

Após esse raciocínio, constata-se que o cliente apresentava os seguintes diagnósticos de enfermagem:

- Domínio: Nutrição, classe Hidratação.
  - Volume de líquidos excessivo caracterizado por congestão pulmonar, edema, distensão da veia jugular, ganho de peso em curto período, ingesta maior que o débito, ortopneia, sons respiratórios adventícios, mudança no padrão respiratório relacionado à ingesta excessiva de líquidos e mecanismos reguladores comprometidos.

- Domínio: Atividade/repouso, classe Respostas cardiovasculares/pulmonares.
  - Padrão respiratório ineficaz caracterizado por alteração na profundidade respiratória, ortopneia, dispneia relacionada à fadiga secundária à insuficiência cardíaca descompensada.

A elaboração de outros diagnósticos para esse cliente seria possível, mas este estudo se limitará a esses.

Cabe lembrar que clientes em estado crítico muitas vezes apresentam inúmeros sistemas orgânicos comprometidos simultaneamente; logo, a quantidade de DE possíveis é grande. Para tanto, deve-se sempre trabalhar com prioridades.

Alguns estudos demonstram que os DE mais frequentes em clientes de alta complexidade são:

- integridade tissular prejudicada;
- troca de gases prejudicada;
- padrão respiratório ineficaz;
- perfusão tissular ineficaz cerebral;
- integridade da pele prejudicada;
- risco para integridade da pele prejudicada;
- débito cardíaco diminuído;
- alto risco para infecção;
- mobilidade física prejudicada;
- distúrbio no padrão do sono;
- dor;
- déficit para autocuidado;
- desequilíbrio no volume de líquidos;
- risco para aspiração.

O caráter do setor (clínico ou cirúrgico), o tempo de permanência, a rotatividade e o grau de dependência e especialidades (materna, queimados, pós-operatório cardiológico e transplantes, entre outros) influenciarão os tipos de DE mais frequentes.

## 8.1.3 Planejamento da assistência

O planejamento é a terceira etapa do processo de enfermagem, na qual são desenvolvidas as estratégias para prevenir, minimizar ou corrigir o problema identificado no DE. Esta fase é constituída de vários passos: estabelecimento de prioridades; fixação de resultados com o cliente; registro escrito de intervenções de enfermagem; registro dos DE, resultados e intervenções de enfermagem (Iyer, Taptich e Bernocchi-Losey, 1993).

Uma vez que o cuidado de enfermagem ao cliente é contínuo, o enfermeiro deve contar com outros enfermeiros e profissionais para garantir que as ações necessárias à recuperação dos clientes sejam feitas. Para isso, deve haver um sistema de comunicação. Muitos são os métodos adotados para a comunicação entre os profissionais. Os mais empregados são os planos de cuidados manuscritos, que objetivam promover a comunicação entre os profissionais; direcionar o cuidado; criar um registro que pode ser acessado para pesquisas, avaliações e em situações legais; e fornecer documentação para fins de planos de saúde.

Atualmente, esses planos de cuidados vêm sendo substituídos por protocolos, sistemas automatizados de plano de cuidados ou formulários padronizados de planos de cuidados. Esses tipos de sistemas liberam os enfermeiros de escreverem cuidados repetitivos e rotineiros.

Fazendo uma aproximação do processo de enfermagem e do uso de protocolos na prática clinica do enfermeiro, pode-se considerar que tais instrumentos têm uma sequência de ações sistematizadas pautadas no estabelecimento de prioridades e, se bem implementados, expressam em seu bojo a aplicação do processo de enfermagem de forma otimizada e operacionalizável, levando à satisfação não só das necessidades do cliente, mas também dos enfermeiros que prestam o cuidado (Lima, 2007).

Para tanto, parte-se da premissa de que os protocolos de enfermagem, aqui entendidos como processo aplicado, são elaborados para atender tanto as necessidades da gerência quanto da assistência, ou seja, estão na interface do saber-fazer como elementos constitutivos da SAE (Paes, 2011).

Assim, em cuidados críticos, os protocolos assistenciais são ferramentas facilitadoras para atuação das equipes de forma integrada e coesa, minimizando conflitos, divergências clínicas e processuais.

É importante lembrar que, nessa fase, o enfermeiro e sua equipe devem analisar e determinar quais problemas ou necessidade do cliente são mais urgentes, ou seja, que interferem em sua estabilidade, levando-o a riscos de agravamento ou até mesmo de morte. Outra justificativa para se trabalhar com os DE prioritários são recursos de enfermagem limitados e o tempo cada vez mais reduzido para o cuidado ao cliente.

É também no planejamento da assistência que estabelecemos os resultados esperados, ou seja, as metas para o cliente, os quais representam condições favoráveis que podem ser alcançadas ou mantidas por meio das ações prescritas e adotadas pela equipe. Esses são de fundamental importância para a fase de avaliação do PE, pois serão indicadores do sucesso ou não do plano estabelecido.

Algumas situações, em especial quando se trata de pacientes críticos, podem requerer o envolvimento de várias disciplinas. Um exemplo é o paciente que apresenta dor intensa na região lombar, para o qual o médico pode prescrever uma medicação analgésica, o fisioterapeuta pode adotar manobras para alívio dos sintomas e o enfermeiro pode instituir medidas não farmacológicas para o alívio da dor, como a mudança periódica de decúbito. É fundamental sempre lembrar que os resultados esperados devem representar condições favoráveis que podem ser alcançadas ou mantidas por meio das ações prescritas e adotadas pela enfermagem, e não só por outros profissionais.

Os resultados esperados devem levar em consideração alguns critérios, como: centrar no cliente (metas individualizadas), ser claros e concisos, descrever um comportamento mensurável, ser realista e determinado com o cliente, estimar tempo para seu alcance (curto, médio ou longo prazo), levar em consideração os recursos disponíveis ao cliente e à instituição.

Exemplo: um determinado paciente tem os seguintes DE:

- *Dor aguda*: caracterizada por expressão facial, relato verbal de dor e sudorese relacionado a agentes lesivos (isquemia do músculo cardíaco).

- *Resultado esperado*: o cliente terá sua dor diminuída (escala numérica < 3/10) depois da administração de vasodilatadores e oxigenoterapia em até 1 hora.
- *Risco de infecção*: relacionado à presença de procedimentos invasivos (acesso venoso profundo).
- *Resultado esperado*: o cliente terá risco de infecção minimizado durante o período de necessidade de acesso venoso profundo.

Não se esquecer de que para cada DE deve haver um resultado esperado.

Para os resultados esperados, há uma proposta de classificação, a Classificação dos Resultados de Enfermagem (NOC). Essa é uma taxonomia que contém os resultados esperados para cada diagnóstico de enfermagem da taxonomia NANDA-I.

A NOC tem uma definição para cada resultado apresentado; uma lista de indicadores que podem ser usados para se avaliar o estado do cliente em relação ao resultado; uma escala de Likert de cinco pontos, que varia de extremamente comprometido a não comprometido, para se medir o estado do cliente; e uma lista resumida da bibliografia utilizada para elaborar o resultado.

A NOC é uma classificação ainda em elaboração, sendo imprescindível a execução de estudos que a aprimorem e a tornem válida nos diferentes ambientes de cuidado. Por isso, não se aprofundará o seu estudo neste Capítulo.

## 8.1.4 Implementação da assistência de enfermagem

A quarta etapa é a implementação, entendida como o início e a conclusão das ações e das intervenções necessárias à consecução dos resultados, definidos durante o estágio de planejamento.

Para implementar a assistência de enfermagem usam-se as prescrições de intervenções de enfermagem, definidas como qualquer tratamento direto que o enfermeiro faz em benefício do cliente. Esses tratamentos incluem os iniciados pelos enfermeiros, resultantes dos DE, os iniciados pelos médicos, resultantes dos diagnósticos médicos e a realização de funções diárias essenciais do cliente que não pode fazê-las.

O foco das intervenções em DE reais é reduzir ou eliminar os fatores contribuintes para o aparecimento do diagnóstico, promover melhor nível de saúde e monitorar e avaliar a condição; já para os diagnósticos de risco, é reduzir ou eliminar os fatores de risco, prevenir o problema e monitorar e avaliar a condição. As prescrições de enfermagem são baseadas no fator relacionado e nas características definidoras identificadas no enunciado do DE (Carpenito-Moyet, 2006).

Como instruções específicas para a enfermagem, a prescrição de enfermagem deve conter: data; a ação a ser feita (verbo diretivo); quem deve fazê-la; o que, quando, como, com que frequência, por quanto tempo e onde; e a assinatura de quem prescreveu.

Frequentemente, o enfermeiro é encarregado do planejamento do cuidado, mas não de sua real implementação. Para isso, é necessário que ele tenha habilidades de delegação, asserção, avaliação e motivação para com sua equipe, de modo a garantir o cumprimento da prescrição.

Pensando nisso, o enfermeiro deve redigir as prescrições de modo claro e completo, para evitar que o responsável pela sua execução tenha dúvidas de como o fazer.

De acordo com Tannure e Gonçalves (2009), alguns pontos importantes sobre a prescrição:

- Deve ser complementada quando houver alterações nas condições do cliente, muito comum em clientes de alta complexidade, quando o quadro clínico varia durante o plantão.

- O quantitativo de intervenções prescritas é variável, dependente da complexidade.
- As intervenções também devem seguir prioridades.
- Não devem constar cuidados de rotina ou normatizados pela unidade. Por exemplo: em uma UTI, é rotina a aferição de sinais vitais horários; se um paciente necessitar de um esquema diferente de aferição, como de 15 em 15 minutos, este deverá ser prescrito.
- Os membros da equipe devem fazer as intervenções que lhes couberem, e quem executou a ação deve registrá-la.
- Deixar claro o grau de dependência do paciente perante uma determinada intervenção, determinando em termos (fazer, ajudar, orientar, encaminhar).
- A prescrição deve ser feita em impresso próprio e levar em consideração os recursos institucionais (número de funcionários, recursos físicos, materiais e orçamentários) e as condições clínicas do cliente.
- Não é aconselhável a construção de prescrições pré-formatadas, uma vez que o cuidado deve ser individualizado.
- A validade da prescrição é de, no máximo, por 24 horas.
- Deve ser feita com todos os pacientes.

Exemplos de prescrições para pacientes que têm os seguintes DE:

- *Risco de infecção* relacionado a procedimentos invasivos (acesso venoso profundo):
  - trocar o curativo do acesso venoso profundo na subclávia direita a cada 24 horas ou sempre que estiver sujo, úmido ou solto;
  - usar clorexidina alcoólica e cobrir com filme transparente;
  - registrar aspecto do sítio e comunicar à equipe se houver sinais flogísticos;

- datar o curativo (enfermeiro).

- *Deambulação prejudicada*, caracterizada por dificuldade de caminhar, em qualquer superfície, relacionada à dor:
  - aplicar escala numérica de dor de 1/1 hora, e, caso a dor seja maior que 3, administrar analgésico prescrito e implementar medidas não farmacológicas para seu controle (técnico de enfermagem).

- *Integridade da pele prejudicada* relacionada à imobilização física e à circulação alterada, evidenciada por lesão em região sacral estágio 1:
  - fazer mudança de decúbito de 2/2 horas;
  - evitar decúbito dorsal e cabeceira acima de 45° (técnico de enfermagem);
  - instalar colchão de viscoelástico nesse dia (técnico de enfermagem);
  - fazer proteção da região sacral com filme transparente;
  - avaliar o curativo diariamente e trocá-lo quando estiver sujo, úmido ou solto;
  - fazer o registro do aspecto e das dimensões da lesão (enfermeiro).

O enfermeiro pode consultar a taxonomia de intervenções de enfermagem (NIC) para padronizar a linguagem usada na descrição dos cuidados prescritos aos clientes.

As intervenções propostas pela NIC têm título, definição e, para cada uma delas, são descritas atividades que os enfermeiros podem executar para solucionar os problemas apresentados pelos clientes. Essa taxonomia apresenta ligação com os diagnósticos NANDA-I, ou seja, para cada diagnóstico, estão listadas as intervenções apropriadas, cabendo ao enfermeiro analisar quais são apropriadas a seu cliente. Não se aprofundará no estudo dessa taxonomia neste Capítulo.

## 8.1.5 Avaliação da assistência de enfermagem

Por último, como forma didática, há a avaliação da assistência de enfermagem, entendida como uma fase sempre em processo dinâmico, que determina o quanto as metas de cuidados, estabelecidas durante a fase de planejamento e implementação, foram alcançadas. O processo de avaliação é contínuo e formal. Embora a avaliação seja identificada como a fase final do processo de enfermagem, constitui parte integral de cada fase.

A avaliação envolve três diferentes considerações: a avaliação do estado do cliente, do progresso do cliente em relação ao alcance da meta e do estado e da atualidade do plano de cuidado.

O enfermeiro deve acompanhar as respostas do cliente aos cuidados prescritos, mediante anotações no prontuário, observação direta da resposta do cliente à terapia proposta, assim como relato do cliente.

Depois da avaliação, o enfermeiro decidirá se o cliente ainda tem esse diagnóstico, se as intervenções propostas necessitam de modificação para que as metas sejam alcançadas e quais fatores foram decisivos para o alcance ou não das metas. A avaliação regular do cliente deve levar em consideração à complexidade dele. Pacientes críticos necessitam de reavaliações constantes, em curto espaço de tempo.

A consequência das ações de enfermagem deve sempre estar sob o foco do enfermeiro, de modo que os aspectos positivos e os negativos possam resultar em aprendizado profissional, ampliando seus conhecimentos e permitindo o desenvolvimento de uma assistência de enfermagem de qualidade.

## » Referências

AQUINO, D. R.; FILHO, W. D. L. Construção da Prescrição de Enfermagem Informatizada em uma UTI. *Cogitare Enferm.*, v. 9, n. 1, p. 60-70, 2004.

Borges, B. D. B; Pereira, L. V.; Lemos, R. C. A. Sistematização da assistência de enfermagem ao paciente crítico: proposta de instrumento de coleta de dados. *Texto Contexto Enferm.*, Florianópolis, v. 15, n. 4, p. 617-28, 2006.

Brasil. Conselho Federal de Enfermagem. *Resolução Cofen n° 358/2009*. Dispõe sobre a Sistematização da Assistência de Enfermagem e a implementação do Processo de Enfermagem em ambientes, públicos ou privados, em que ocorre o cuidado profissional de enfermagem, e dá outras providências. 2009. Disponível em: <http://site.portalcofen.gov.br/node/4384>. Acesso em: 12 ago. 2011.

Campos, J. F. *Trabalho em terapia intensiva*: avaliação dos riscos para a saúde do enfermeiro. 2008. 21 p. Dissertação (Mestrado em Enfermagem) – Faculdade de Enfermagem, Universidade do Estado do Rio de Janeiro, Rio de Janeiro, 2008.

Carpenito-Moyet, J. L. *Diagnósticos de enfermagem*: aplicação à prática clínica. 11. ed. Porto Alegre: Artmed, 2006.

Garcia, T. R.; Nóbrega, M. M. L. Processo de enfermagem: da teoria à prática assistencial e de pesquisa. *Esc. Anna Nery Rev. Enferm.*, v. 13, n. 1, p. 188-93, 2009.

Iyer, P. W.; Tapitch, B. J.; Bernocchi-Losey, D. *Processo e Diagnóstico de Enfermagem*. Porto Alegre: Artes Médicas. 1993.

Kron, T.; Gray, A. *Administração dos cuidados de enfermagem ao paciente*: colocando em ação as habilidades de liderança. 6. ed. Rio de Janeiro: Interlivros, 1994.

Lima, G. O. P. *Cuidando do Cliente com Distúrbio Respiratório Agudo*: Proposta de um Protocolo Assistencial para tomar decisões em enfermagem. (Dissertação de Mestrado) – Universidade Federal do Estado do Rio de Janeiro, Rio de Janeiro, 2007.

NANDA. *Diagnósticos de Enfermagem*. Porto Alegre: Artmed, 2002.

Paes, G. O. *Gerenciando o cuidando de enfermagem com protocolos assistenciais*: a práxis em enfermagem e sua interface com a tecnologia em saúde. 2011. 168 p. Tese (Doutorado em Enfermagem) – Escola de Enfermagem Anna Nery, Universidade Federal do Rio de Janeiro, Rio de Janeiro, 2011.

Potter, P. A.; Perry, A. G. *Fundamentos de enfermagem*. 5. ed. Rio de Janeiro: Guanabara Koogan, 2004.

Roget. *The new thesaurus*. Boston: Houghton Miflin, 1980.

Souza, S. R. O. S et al. Unidade de Terapia Intensiva. In: Silva, M. V. G; Oliveira, A. M. G. (Org.). *Plantão de enfermagem*: o cotidiano da assistência de Enfermagem numa Unidade Hospitalar. Rio de Janeiro: Nogueira Rio, 2009.

Tannure, M. C.; Gonçalves, A. M. P. *SAE – Sistematização da assistência de enfermagem*: Guia Prático. Rio de Janeiro: Guanabara Koogan, 2009.

Yura, H.; Walsh, M. B. *The nursing process*. 5. ed. New York: Appleton-Century-Crofts, 1988.

# Parte 4

Enfermagem e Prevenção de Infecções na UTI

# 9

# Prevenção de infecções relacionadas à assistência à saúde no ambiente da UTI como interface da biossegurança hospitalar

*Lia Cristina Galvão dos Santos | Simone Moreira | Ana Lucia Pazos Dias*

Afirmar que as infecções hospitalares são consideradas um problema de saúde pública pode parecer redundante para alguns leitores, mas o fato é que tal situação parece ainda não ter sido compreendida em sua totalidade pela maioria dos profissionais de saúde.

Chama-se de infecção hospitalar toda condição infecciosa manifestada depois da internação hospitalar ou depois da alta que possa ser associada a um procedimento ali realizado (Brasil, 1998). Nesse sentido, por conta da limitada abrangência restrita aos hospitais, como o próprio nome destaca, o conceito de infecção hospitalar foi ampliado para permitir a inclusão de qualquer infecção decorrente de uma ação/cuidado terapêutico executado intra ou extra-hospitalar, como em procedimentos ambulatoriais. Assim, atualmente, há uma tendência a denominá-las *infecções relacionadas à assistência à saúde*.

Entretanto, considerando que se está diante de uma discussão que envolve o paciente internado em unidades de terapia intensiva (UTI), neste Capítulo será mantida a terminologia *infecções hospitalares*, destacando, contudo, que todas as ações preventivas podem e devem ser observadas em qualquer cenário de atenção à saúde.

Retomando a afirmativa inicial, o fato é que os custos relativos ao acompanhamento dessas infecções – quer diretos, quer indiretos – geram para o setor da saúde inquietudes que não se restringem apenas às questões financeiras, em geral foco primário da atenção dos gestores hospitalares. Tem sido uma tendência marcante estender grande parte dessa preocupação para os custos indiretos acarretados às famílias e aos empregadores, por conta das consequências sociais, emocionais e também econômicas envolvidas nesse processo. A elevação do tempo de internação gera o afastamento do indivíduo do convívio familiar e profissional, desorganiza o cotidiano das famílias e gera perdas para o empregador pelo absenteísmo forçado. Portanto, é mais que justificada sua importância social.

Estratégias para a prevenção e o controle das infecções relacionadas à assistência à saúde, aqui tratadas por infecções hospitalares, precisam ancorar as ações diárias dos profissionais de saúde. Em contrapartida, o que se mostra com frequência, por descuido ou desconhecimento, é a baixa adesão às medidas simples de prevenção. Um agravante que também se ressalta é que, na formação do profissional de saúde, o tema prevenção de infecções é apresentado ao graduando da área (médicos, enfermeiros, farmacêuticos, odontólogos, entre outros) como conteúdo diluído, com pequena carga horária específica, exceto em raras oportunidades e currículos.

Aliado a isso, está-se em uma era na qual o conhecimento tecnológico e científico desempenha papel dominante, dando à área da saúde importantes contribuições nos aspectos diagnósticos e terapêuticos. Entretanto, se o surgimento de novas terapias medicamentosas e técnicas diagnósticas e de tratamento avançadas tendem a aprimorar a assistência, ampliando o raio de possibilidade de recuperação dos pacientes, essas mesmas condições passam a exigir a realização de procedimentos mais invasivos.

Em tal cenário, destacam-se as UTIs como o local no qual toda a parafernália tecnológica está à disposição da assistência de pessoas consideradas em situações críticas. Porém, novamente se depara com inúmeras possibilidades de risco infeccioso gerado pelos procedimentos invasivos que podem tanto contribuir significativamente para a recuperação dos pacientes em condições críticas quanto expô-los ao risco gerado por procedimentos cada vez mais invasivos.

A preocupação de enfocar a prevenção de infecções nessa área da atenção à saúde é descrita pela literatura em diferentes estudos (Oliveira, Kovner e Silva, 2010), uma vez que as UTIs aliam cuidados contínuos de alta complexidade, tecnologia e pessoas em condições de risco de morte. São usuários, em sua maioria, em condições de instabilidade hemodinâmica, que requerem terapêuticas por acesso invasivo com cateteres vasculares, urinários, pulmonares, entre outros. Assim, as infecções podem ocorrer devido à condição clínica do paciente, ao grau de invasão a que ele está exposto e ao cuidado que lhe é prestado durante seu quadro clínico, razão pela qual se justificam as boas práticas.

O avanço tecnológico implica, ainda, o surgimento de cepas de microrganismos mais resistentes aos antimicrobianos, em virtude, na maioria das vezes, do uso descontrolado dessa terapêutica medicamentosa. Entretanto, é importante frisar que a ocorrência das infecções está associada aos aspectos intrínsecos e extrínsecos ao paciente.

Entre as condições intrínsecas, está sua suscetibilidade, quer por extremos de idade, patologias e terapêuticas pregressas, quer por possível colonização pregressa de germes multirresistentes. Já os extrínsecos podem ser relativos ao tempo de internação em UTI superior a 48 horas, ao uso de acesso vascular, de dispositivos urinário e respiratório, e à inadequação das práticas clínicas, entre as quais a baixa adesão dos profissionais às medidas de prevenção, como a higienização das mãos.

Nos últimos anos, aumentou a preocupação mundial com a segurança dos pacientes, razão pela qual não se pode deixar de salientar o Plano Mundial pela Segurança do Paciente, lançado pela Organização Mundial da Saúde (OMS), em 2004, atendendo a uma resolução (55.18) deliberada em 2002 pela Assembleia Mundial de Saúde. Nesse plano, chamado de Aliança Mundial pela Segurança do Paciente, as questões relativas à prevenção e a eventos adversos, entre os quais se incluem as infecções hospitalares, foram fortemente assinaladas.

## 9.1 Conceitos importantes para a compreensão do tema

### 9.1.1 Assepsia

Circunstância na qual se reflete a minimização da presença de agentes contaminantes. É usada para descrever a condição em que se recomenda a adoção de procedimentos estéreis visando a impedir o risco da ocorrência de contaminação.

### 9.1.2 Antissepsia

Aplicação de antissépticos em pele ou mucosa, objetivando minimizar a presença de microrganismos nessas superfícies, como antes dos procedimentos invasivos.

### 9.1.3 Degermação

Higienização da pele e da mucosa com uso de sabão antisséptico, indicado antes dos procedimentos invasivos, bem como a higienização cirúrgica das mãos do cirurgião ou a da pele/mucosa da área a ser operada.

## 9.1.4 Contaminação

Presença temporária de microrganismos em superfícies, sem que ocorra a invasão tecidual ou uma relação de dependência/parasitismo. Pode ocorrer tanto em objetos inanimados quanto em hospedeiros, como a microbiota transitória das mãos.

## 9.1.5 Colonização

Caracteriza a condição que pode ser descrita como simbiose, na qual o microrganismo está presente no paciente, mas não causar danos ou agressões a ele (sem alterar a normalidade de funcionamento do organismo do paciente).

## 9.1.6 Infecção

Circunstância em que há a presença de microrganismos causando alterações clínicas/danos no indivíduo.

## 9.1.7 Desinfecção

Meio de eliminação de microrganismos (excetuando-se os esporulados), por meio físico ou químico.

### 9.1.8 Esterilização

Meio de eliminação de microrganismos alcançando aqueles na forma esporulada.

## 9.2 Biossegurança hospitalar: condições ambientais da UTI e prevenção das infecções hospitalares

A estrutura física das UTIs foi pensada visando agrupar, em uma área delimitada, pacientes em condições de instabilidade que necessitam de monitoração contínua e resposta rápida às suas manifestações de criticidade. Sua área física deve possibilitar a execução ágil das ações terapêuticas com rápido acesso aos pacientes e excelente circulação ambiental. Nesse sentido, deve-se registrar a existência de normatizações (Anvisa, 2002) que orientam a planta física dessas áreas, estabelecendo a proporção de, no mínimo, 6% entre o número de leitos para terapia intensiva[1] e o total de leitos do hospital. Estabelece, ainda, que é necessária a existência de um quarto para isolamento[2] para cada dez leitos ou fração destes na UTI. A Resolução normatiza, ainda, que, a cada cinco leitos de não isolamento de UTI, deve ser instalado um lavatório.[3]

Outro ambiente destacado pela RDC 50/2002 refere-se ao posto de enfermagem, que deve ser instalado de forma a permitir observação visual direta ou eletrônica dos leitos. No caso de observação visual por meio eletrônico, a equipe deverá dispor de uma central de monitores.

---

[1] A RDC 50/2002 orienta 9,0 m² por leito (em caso de boxes em área coletiva), com distância de 1 m entre paredes e leito, exceto cabeceira, de 2 m entre leitos e pé do leito = 1,2 m.
2 A RDC 50/2002 orienta 10,0 m² (em caso de quarto de isolamento ou não), com distância de 1 m entre paredes e leito, exceto cabeceira e pé do leito = 1,2 m.
[3] A RDC 50/2002 orienta o uso exclusivo para a lavagem das mãos. Tem pouca profundidade e variados formatos e dimensões, podendo estar inserido em bancadas ou não.

Quanto à climatização dos ambientes, orienta-se o cumprimento das normas da Associação Brasileira de Normas Técnicas (ABNT) NBR-7.256, que destaca que a temperatura nas UTIs deve ser mantida entre 21 ºC e 24 ºC, com umidade relativa do ar entre 40% e 60%. A norma salienta, ainda, que nos quartos de isolamento em situações de doenças de transmissão aérea, deve-se usar filtragem do ar por filtro HEPA.[4]

## 9.2.1 Disseminação de germes

A disseminação de patógenos no ambiente de cuidado à saúde é tema de discussão e controvérsias. Embora o debate reafirme que as infecções hospitalares estão, em muitas ocasiões, relacionadas às condições intrínsecas do paciente, a possibilidade de o ambiente contribuir como fonte de disseminação de microrganismos é apontada.

Associadas a isso, pesquisas (Cohen et al., 2010; Johnson e Bryce, 2009; Vonberg et al., 2008) têm demonstrado que a disseminação de germes multirresistentes, como *Enterococcus* resistente à vancomicina, *Staphylococccus aureus* resistente à oxacilina, *Clostridium difficile* e *Acinetobacter baumanni*, entre outros, transcende a má qualidade da higiene das mãos dos profissionais de saúde, principal via de transmissão, e ocorre, também, pela presença desses germes no ambiente hospitalar contaminado, previamente ocupado por pacientes colonizados/infectados, e onde os procedimentos de higiene ambiental foram insatisfatórios (Oliveira e Damasceno, 2010).

Destaca-se a importância de intensificação da limpeza e da desinfecção das superfícies, principalmente nas UTIs, dadas suas características físicas (espaçamento

---

[4] Filtro HEPA (High Efficiency Particulate Air Filters): filtro absoluto A3, com eficiência igual ou superior a 99,97%.

entre leitos, múltiplas aparelhagens na unidade dos pacientes), as quais favorecem a disseminação de patógenos, e a "presença de pacientes em cuidados intensivos com maior risco para a aquisição de infecções" (Oliveira e Damasceno, 2010, p. 1122).

## 9.2.2 Limpeza e desinfecção de superfícies

### 9.2.2.1 Classificação de áreas em serviços de saúde

O ambiente dos serviços de saúde é classificado por áreas que possibilitam a compreensão do risco e da extensão das atividades ali desenvolvidas. Permite adequar a exigência de limpeza e desinfecção específicas aos procedimentos ali executados. Nesse sentido, as áreas hospitalares são classificadas em *críticas*, *semicríticas* e *não críticas*.

- *Áreas críticas*: são os ambientes nos quais há um risco aumentado da ocorrência de infecções por conta da complexidade dos procedimentos ali desenvolvidos, sejam ou não feitos em pacientes, ou, ainda, considerando a internação de pessoas com a imunidade comprometida.
  - Por exemplo: centro cirúrgico, lavanderia, cozinha, laboratório, UTI, emergência etc.
- *Áreas semicríticas*: nesses ambientes são realizados procedimentos que demandam ou não internação em pacientes com doenças infecciosas de baixa transmissibilidade e doenças não infecciosas.
  - Por exemplo: enfermarias, ambulatórios etc.

- *Áreas não críticas*: locais destinados às atividades administrativas, à higienização e ao armazenamento de pertences dos profissionais, depósitos de materiais e insumos.
  - Por exemplo: vestiários, administração, almoxarifado etc.

### 9.2.2.2 Limpeza

Retirada das sujidades presentes nas superfícies inanimadas mediante a fricção por meios mecânicos, temperatura por meios físicos ou uso de saneantes (meio químico).

### 9.2.2.3 Desinfecção

Processo físico ou químico que destrói todos os microrganismos patogênicos de objetos inanimados e superfícies, com exceção de esporos bacterianos (Brasil, 1994).

### 9.2.2.4 Processos de limpeza de superfícies

Limpeza concorrente é o procedimento de retirada das sujidades que deve ser feito diariamente em todas as unidades dos estabelecimentos de saúde para "limpar e organizar o ambiente, repor os materiais de consumo diário (por exemplo, sabonete líquido, papel higiênico, papel-toalha e outros) e recolher os resíduos, segundo sua classificação" (Anvisa, 2010). Nesse procedimento, deve ser incluída a limpeza de todas as superfícies horizontais, de mobiliários e equipamentos, portas e maçanetas, parapeitos de janelas, piso e instalações sanitárias. Muita atenção deve ser dispensada às superfícies onde o contato manual de profissionais e pacientes é contínuo, como grades das camas, interruptores de luz e de chamada da enfermagem, telefones e maçanetas, entre outros (Anvisa, 2010).

Quadro 9.1 – Frequência da limpeza concorrente

| Classificação das áreas | Frequência mínima |
| --- | --- |
| Áreas críticas | Três vezes por dia; data e horário preestabelecidos e sempre que necessário. |
| Áreas não críticas | Uma vez por dia; data e horário preestabelecidos e sempre que necessário. |
| Áreas semicríticas | Duas vezes por dia; data e horário preestabelecidos e sempre que necessário. |
| Áreas comuns | Uma vez por dia; data e horário preestabelecidos e sempre que necessário. |
| Áreas externas | Duas vezes por dia; data e horário preestabelecidos e sempre que necessário. |

Fonte: Anvisa (2010).

Já a limpeza terminal é considerada mais ampla, envolvendo o interior e o exterior de todas as superfícies horizontais e verticais. Deve ser feita na unidade do paciente depois de alta hospitalar, transferências e óbitos ou nas internações de longa duração (programada), ainda com o paciente internado (Anvisa, 2010). Nesse procedimento, deve ser incluída a limpeza de paredes, pisos, teto, painel de gases, equipamentos e todo o mobiliário presente na unidade do paciente.

Figura 9.1 – Limpeza de superfície sem presença de matéria orgânica.
Fonte: Anvisa (2010).

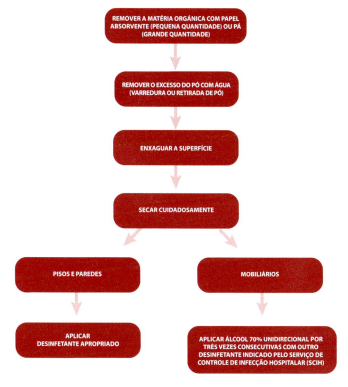

Figura 9.2 – Limpeza de superfície com presença de matéria orgânica.
Fonte: Anvisa (2010).

## 9.2.2.5 Principais produtos usados

### 9.2.2.5.1 Álcool 70%

O álcool etílico e o isopropílico são os principais desinfetantes empregados em serviços de saúde, podendo ser aplicados em superfícies ou artigos por meio de fricção. Destaca-se sua importante ação na eliminação de alguns microrganismos por desnaturação das proteínas que compõem sua parede celular. Ressalta-se, porém, que o álcool não tem ação esporicida (Anvisa, 2010). É de fácil aplicação e sua ação é imediata. Está indicado para uso no mobiliário da unidade hospitalar.

Como desvantagens, aponta-se o fato de ser inflamável, volátil, causar opacificação em superfícies em acrílico, ressecar plásticos e borrachas, e provocar o ressecamento da pele.

### 9.2.2.5.2 Cloro inorgânico

Os compostos mais empregados são os hipocloritos de sódio (0,02% a 1%), de cálcio e de lítio. Indicado para desinfecção de superfícies fixas.

Tem como características ação bactericida, virucida, fungicida, tuberculicida e esporicida, dependendo da concentração em uso. Apresentação líquida ou pó, amplo espectro, ação rápida e com baixo custo (Anvisa, 2010).

Seu mecanismo de ação exato ainda não está completamente elucidado. Tem como desvantagens o fato de ser instável na presença da luz solar, temperatura > 25 °C e pH ácido. Inativo em presença de matéria orgânica.

Corrosivo para metais, tem odor desagradável e pode causar irritabilidade nos olhos e nas mucosas.

### 9.2.2.5.3 Cloro orgânico

Os ácidos dicloroisocianúrico (DCCA) e tricloroisocianúrico (TCCA) são exemplos de compostos deste grupo. Disponíveis na concentração de 1,9% a 6%, com tempo de ação conforme comprovado pelo fabricante.

Têm como características ação bactericida, virucida, fungicida, tuberculicida e esporicida, dependendo da concentração de uso. Apresentação em pó. Mais estável que o cloro inorgânico. Indicados na descontaminação de superfícies por serem ativos na presença de matéria orgânica. Seu mecanismo de ação ainda não foi elucidado por completo (Anvisa, 2010).

### 9.2.2.5.4 Compostos quaternários de amônio

Alguns dos compostos mais adotados são os cloretos de alquildimetilbenzilamônio e os cloretos de dialquildimetiamônio, os quais têm caracterísicas bactericida, virucida (só contra vírus lipofílicos ou envelopados) e fungicida. Não apresentam ação tuberculicida e virucida. São pouco corrosivos e têm baixa toxicidade. São indicados para superfícies fixas, incluindo ambiente de nutrição e neonatologia (sem a presença dos neonatos).

Seu mecanismo de ação é por inativação de enzimas produtoras de energia, desnaturação de proteínas e quebra da membrana celular. Podem ser inativados em presença de matéria orgânica. São oferecidos em várias formulações, de acordo com o fabricante.

### 9.2.2.5.5 Monopersulfato de potássio

Tem amplo espectro de ação e é ativo na presença de matéria orgânica. Não é corrosivo para metais. É indicado como desinfetante de superfícies e capaz de reduzir a contagem micobacteriana em 2 a 3 log10 apenas depois de 50 minutos de exposição em concentração de 3%.

Tem como desvantagem o fato de corar as superfícies quando não é removido adequadamente depois do tempo de contato recomendado (10 minutos) (Anvisa, 2010).

### 9.2.2.5.6 Ácido peracético

Desinfetante para superfícies fixas, age por desnaturação das proteínas, alterando a permeabilidade da parede celular, oxidando as ligações sulfidril e sulfúricas em proteínas e enzimas. Tem ação rápida, inclusive sobre os esporos bacterianos em baixas concentrações de 0,001% a 0,2%. É efetivo em presença de matéria orgânica. Apresenta baixa toxicidade. É indicado como desinfetante para superfícies (Anvisa, 2010).

Instável, principalmente quando diluído, corrosivo para metais (cobre, latão, bronze, ferro galvanizado) e sua atividade é reduzida pela modificação do pH. Causa irritação nos olhos e no trato respiratório.

Como desinfetante para superfícies é usado em concentração de 0,5%. O tempo de contato será o indicado no rótulo.

Quadro 9.2 – Produtos de limpeza e desinfecção de superfícies em serviços de saúde

| Produtos de limpeza/ desinfecção | Indicação de uso | Modo de usar |
|---|---|---|
| Água | Limpeza para remoção de sujidade | Técnica de varredura úmida ou retirada de pó |
| Água e sabão ou detergente | | Friccionar o sabão ou detergente sobre a superfície |
| Água | | Enxaguar e secar |
| Álcool 70% | Desinfecção de equipamentos e superfícies | Fricções sobre a superfície desinfetada |
| Compostos fenólicos | Desinfecção de equipamentos e superfícies | Após a limpeza, imersão ou fricção, enxaguar e secar |
| Quaternário de amônia | Desinfecção de equipamentos e superfícies | Após a limpeza, imersão ou fricção, enxaguar e secar |
| Compostos liberadores de cloro ativo | Desinfecção de superfícies não metálicas e superfícies com matéria orgânica | Após a limpeza, imersão ou fricção, enxaguar e secar |
| Oxidantes Ácido peracético (associado ou não a peróxido de hidrogênio) | Desinfecção de superfícies | Após a limpeza, imersão ou fricção, enxaguar e secar |

Fonte: Anvisa (2010).

## 9.2.3 Medidas de precaução padrão e precauções baseadas no mecanismo de transmissão

*Medidas de precaução padrão* são recomendações elaboradas para os profissionais de saúde no cuidado aos pacientes, independentemente do diagnóstico prévio de infecção/colonização. Objetiva a segurança dos profissionais por meio da prevenção de sua contaminação e da minimização da disseminação de germes no ambiente. Entre as orientações, incluem-se:

- o uso de equipamentos de proteção individual (EPI) (luvas de procedimento, avental de manga longa, óculos de acrílico, sapato fechado,

- máscara, protetor facial, gorro) sempre que houver a possibilidade de contato com sangue e fluidos corporais;
- a higiene das mãos, com água e sabão, antes e depois do cuidado aos pacientes;
- a higiene das mãos com álcool em base emoliente pode substituir a higiene com água e sabão quando as mãos estiverem visivelmente limpas;
- a vacinação de todos os profissionais de saúde contra tétano, influenza e hepatite B;
- a recomendação de vacinação contra rubéola e varicela nos profissionais não imunes.
- a limpeza e a desinfecção dos artigos usados no cuidado aos pacientes (termômetros, estetoscópios etc.);
- o não uso de adornos (anéis, pulseiras, brincos e cordões) e a manutenção de cabelos presos e de unhas aparadas;
- não fazer refeições ou fumar na área assistencial (enfermarias, postos de enfermagem, salas de prescrição), já que o risco de exposição à matéria orgânica é provável;
- trocar as luvas entre procedimentos feitos em diferentes sítios corporais, lavando as mãos depois de retirá-las;
- cuidado ao manipular agulhas, seringas e objetos perfurocortantes, descartando-os em coletor rígido;
- lacrar o coletor e descartá-lo sempre que o volume de resíduos atingir a linha pontilhada demarcadora da lotação;
- não reencapar as agulhas e, em caso de exposição a sangue ou a fluidos corporais, lavar a área imediatamente e notificar o acidente seguindo o protocolo da instituição;
- manter lixeiras tampadas e solicitar que sejam esvaziadas sempre que atingirem dois terços de sua capacidade;

- usar luvas de procedimentos e recipientes rígidos com tampa para o transporte de materiais biológicos para exames laboratoriais (tubos de sangue, frascos com fezes, urina etc.);
- rápida limpeza das superfícies contaminadas por matéria orgânica, orientando o uso dos equipamentos de proteção individual (EPI) necessários e material absorvente; limpeza com água e sabão seguida do uso de desinfetante;
- acondicionar as roupas de cama sujas imediatamente depois da troca, em saco plástico próprio, com a cor definida pelo seu serviço, mantendo-o fechado.

## 9.2.4 Equipamento de proteção individual

Segundo o Ministério do Trabalho e Emprego (MTE) (Brasil, 1978), os EPI são dispositivos ou produtos orientados para o uso dos profissionais, visando à proteção da exposição aos possíveis riscos ocupacionais. Só devem ser comercializados e utilizados com indicação do Certificado de Aprovação (CA), expedido pelo órgão nacional competente em matéria de segurança e saúde no trabalho do MTE.

No ambiente hospitalar, alguns dos insumos adotados, como os jalecos, as máscaras cirúrgicas e os gorros, apesar de não terem o CA, são considerados itens de uso indispensável para a proteção do profissional e dos pacientes.

Por tal razão, listam-se como equipamentos de proteção individual (Brasil, 1978; Santos, 2004):

## 9.2.4.1 Máscara cirúrgica

Artigo de uso único que deve ser descartado ao término dos procedimentos ou ainda durante esses, sempre que o profissional perceber seu umedecimento ou sujidade. É indicada para a proteção da mucosa oral e nasal do profissional, bem como em situações assépticas, para a proteção ambiental e do paciente das secreções respiratórias do profissional.

Foi demonstrado em ensaio científico (Ponsoni, Mingireanov e Raddi, 2005) que a capacidade de retenção para aerossóis de coliformes totais analisados em seis máscaras de diferentes procedências variou entre 50,9% e 99,9%, indicando a importância de que, no momento da compra, seja exigido do fabricante seu registro na Anvisa de acordo com as Resoluções RDC nº 185/2001 (Anvisa, 2001a) e RDC nº 56/2001 (Anvisa, 2001b). A máscara que apresentou o melhor desempenho foi a única que tinha o número do registro e o percentual de retenção descritos na embalagem. Recomenda-se que, em sua especificação de aquisição, seja exigida, também, sua composição com três camadas.

## 9.2.4.2 Respirador de partículas N95 (máscara N95) ou peça semifacial filtrante (PFF2)

Elaboradas com 95% de eficiência de filtração de partículas (0,5 mm) (OMS, 2004), seu uso é indicado para a proteção contra doenças por transmissão aérea (tuberculose, varicela, sarampo e vírus da pneumonia asiática). No Brasil, as PFFs devem apresentar impressão em caracteres duráveis do número do CA e sua classificação conforme ABNT NBR 13.698/1996 (PFF-1, PFF-2 ou PFF-3), além do número de lote e do nome do fabricante. Por ser considerado um equipamento de proteção semidescartável, por seu uso ser permitido para mais de uma ocasião, exige-se que seja de uso individualizado. Dessa forma, o profissional precisa ter formas de guardar que garantam a integridade de sua estrutura, evitando dobras, rachaduras e locais úmidos.

É importante que o profissional seja orientado a continuamente avaliar sua adequada adaptação à face (Fit Teste),[5] a elasticidade de suas alças de fixação à cabeça e a integridade da estrutura da máscara. Orienta-se que o profissional identifique sua máscara com seu nome e a data de início do uso. Deve ser descartada obedecendo à orientação do fabricante que alerta quanto ao uso dessas por pessoas com barbas ou cicatrizes profundas na face, que impedem eficiente selagem do respirador ao rosto do usuário.

Respiradores HEPA (*high-efficiency particulate air*, com 99% de filtragem sobre partículas maiores que 0,3 µm) são considerados equipamentos reutilizáveis, devendo receber desinfecção quando usadas por mais de uma pessoa.

### 9.2.4.3 Máscara (respiradores) com filtro químico de carvão ativado

Orienta-se que seu uso seja individual, que o descarte seja feito sempre que o profissional verificar que a adaptação à face não se dá com ajuste, quando a máscara perder sua integridade e ainda à menor percepção de odores durante sua atividade.

É indicada quando o profissional precisar manipular substâncias químicas tóxicas (por exemplo, alguns germicidas) ou estiver em ambientes com gases e vapores tóxicos no ar.

---

[5] O Fit Teste é orientado para que se verifique a completa vedação da máscara à face do usuário. São orientadas avaliações qualitativas e quantitativas periódicas. O profissional, após a colocação da máscara, deve respirar profundamente e verificar a ocorrência de escapamento de ar através das áreas de contato da máscara com a face. Veja mais orientações em: <http://www.osha.gov/SLTC/etools/respiratory/fittesting.html>.

Há no mercado respiradores químicos reutilizáveis que precisam ser desinfectados quando usados por mais de um profissional, mas requerem manutenção com troca periódica de sua válvula de inalação e outros acessórios.[6]

### 9.2.4.4 Luvas de procedimentos

Descartáveis a cada procedimento e indicadas sempre que for previsto o contato com matéria orgânica e com superfícies contaminadas por esse material, e para as situações de precaução de contato. Ao calçá-las, verifique sempre sua integridade, optando por um tamanho adequado às suas mãos.

Devem atender à RDC nº 5 da Anvisa, de 15 de fevereiro de 2008, com a recomendação de ser um "produto feito de borracha natural ou borracha sintética ou misturas de borracha natural e sintética, de uso único, para utilização em procedimentos não cirúrgicos para assistência à saúde" (Anvisa, 2008, p. 31).

### 9.2.4.5 Luvas cirúrgicas (estéreis)

São descartáveis e indicadas quando se requer uma técnica asséptica, garantindo a não contaminação do procedimento. Ao calçá-las, verifique sempre sua integridade, optando por um tamanho adequado às suas mãos.

Devem atender à RDC nº 5 da Anvisa, de 15 de fevereiro de 2008, que a define como um "produto feito de borracha natural ou borracha [...], de uso único, de formato anatômico, com bainha ou outro dispositivo capaz de assegurar um ajuste ao braço do(a) usuário(a), para utilização em cirurgias" (Anvisa, 2008, p. 31).

---

[6] A troca dos cartuchos de filtragem deve ser controlada para garantir a segurança do profissional, tendo em vista que a vida útil deles depende de fatores que incluem: condições ambientais, frequência respiratória do usuário, capacidade de filtragem do cartucho, quantidade de contaminante no ar etc. Veja mais orientações em: <http://www.osha.gov/SLTC/etools/respiratory/change_schedule.html>.

### 9.2.4.6 Luvas de borracha

Artigos reutilizáveis, porém, orienta-se o uso individualizado. Oferecem proteção da pele à exposição de material biológico e produtos químicos. Devem ter cano longo quando se prevê uma exposição até o antebraço. Após o uso, devem ser lavadas com água e sabão, e receber desinfecção quando adotadas para o manuseio de matéria orgânica.

### 9.2.4.7 Óculos de acrílico

Os ideais são produzidos em acrílico que não interfira na acuidade visual do profissional. Devem adaptar-se à face e oferecer proteção de todo o campo visual; devem ter, ainda, proteção lateral contra respingos.

São artigos reutilizáveis e oferecem proteção da mucosa ocular. Depois do uso, devem ser lavados com água e sabão e receber desinfecção com o germicida orientado pelo fabricante.

### 9.2.4.8 Protetor facial de acrílico

Indicado para a proteção de toda a extensão da face. Permite reutilização e deve ser de material acrílico que não interfira na acuidade visual do profissional. Deve oferecer proteção lateral. É indicado durante a realização de limpeza mecânica em instrumentais (central de esterilização, expurgos, laboratórios, sala de necropsia).

Após o uso, deve ser lavado com água e sabão e receber desinfecção com germicida, conforme orientação do fabricante ou do seu serviço de saúde.

### 9.2.4.9 Avental ou capote de manga comprida

Destinado à proteção da roupa e pele do profissional. Os descartáveis são os mais recomendados, mas não há proibição aos reutilizáveis, que, depois do uso, devem ser reprocessados com lavagem e desinfecção. A condição de impermeabilidade é recomendada principalmente para procedimentos com maior risco de respingos, como na central de material e esterilização e no centro cirúrgico.

### 9.2.4.10 Bota ou sapato fechado impermeável

Oferece proteção da pele do profissional em locais úmidos ou com quantidade significativa de material infectante (centros cirúrgicos, expurgos, central de esterilização, centro de tratamento de queimados, áreas de necropsia, situações de limpeza ambiental, manejo de resíduos e outros). Devem ter solado antiderrapante. São artigos reutilizáveis, porém, recomenda-se uso individualizado. Destinam-se ao uso exclusivo nas áreas de trabalho e precisam ser guardados em local ventilado, impedindo a proliferação de microrganismos, como fungos.

### 9.2.4.11 Gorro

Recomendado para a proteção da exposição dos cabelos e do couro cabeludo à matéria orgânica ou a produtos químicos, bem como em situações assépticas, nas quais se oferece proteção ambiental a escamas do couro cabeludo e cabelos. Deve proteger todo o cabelo, evitando a exteriorização de partes desse. É descartável.

## 9.2.5 Higienização das mãos

Medida amplamente divulgada por ser considerada estratégia de importante impacto na prevenção das infecções hospitalares e na proteção do profissional de saúde (Silvestri et al., 2005), já que as mãos são consideradas importante via de transmissão de microrganismos durante a assistência prestada (Anvisa, 2011).

Nesta nomenclatura, considerada mais abrangente que o termo *lavagem das mãos*, foram incluídas: higienização simples das mãos, higienização antisséptica, fricção antisséptica e degermação das mãos (Anvisa, 2011).

A higiene simples das mãos deve ser feita com água e sabão líquido sempre no início da jornada de trabalho, antes e depois do uso do banheiro, antes do manuseio de alimentos, antes das refeições, quando as mãos estiverem visivelmente sujas ou contaminadas com sangue e outros fluidos corporais, antes e depois do preparo e da manipulação de medicamentos, antes e depois do cuidado de pacientes ou do contato com sua unidade de internação, antes e depois do uso de luvas, e antes de manusear embalagens de pacotes estéreis.

Recomenda-se sabão líquido neutro disponibilizado em refil acondicionado em dispensadores, preferencialmente que dispensem o contato manual. O sabão deve ter qualidade com pH neutro, como forma de prevenir lesões por abrasão na pele das mãos dos profissionais de saúde.

## 9.2.6 Medidas de precaução específicas relacionadas ao mecanismo de transmissão

Esse conceito abrange medidas específicas de proteção para os pacientes e o profissional, levando em consideração as formas de disseminação dos patógenos no ambiente de cuidado à saúde.

## 9.2.6.1 Precauções por contato

Estão relacionadas a medidas que tornem possível a prevenção da transmissão de patógenos disseminados pelo toque das mãos e/ou pelo contato com superfícies contaminadas. São orientadas em casos de suspeita ou confirmação de infecção ou colonização por agentes como os germes multirresistentes, como o *Staphylococcus aureus* resistente à meticilina (MRSA), o *Acinetobacter baumannii*, a *Pseudomonas aeruginosa*, a *Klebsiella pneumoniae* (resistentes aos carbapenemas e cefalosporinas de 3ª geração), bem como germes de importância epidemiológica (*Clostridium difficile*, *Rotavírus*, vírus sincicial respiratório etc.), responsáveis pela ocorrência de doenças infecciosas. Portanto, orienta-se que:

- Sejam obrigatoriamente respeitadas as precauções padrão.
- Preferencialmente, os pacientes sejam internados em quartos privativos. Em situações de indisponibilidade, aceita-se que sejam agrupados em uma mesma enfermaria, respeitando-se o limite de 1,0 m entre os leitos (Anvisa, 2002), para a adequada circulação entre eles.
- Garanta-se que, à beira do leito, sejam mantidos exclusivamente artigos e pertences para uso pessoal, evitando excesso de objetos. A RDC nº 7 de 2010 (Anvisa, 2010) estabelece a obrigatoriedade de manutenção de artigos de uso exclusivo por leitos (por exemplo, estetoscópio, bolsa de ressuscitação, conjunto de nebulização, fita métrica, equipamentos para monitoração contínua, como termômetro, monitor cardíaco, monitor de oximetria de pulso, termômetros, quatro equipamentos para infusão contínua e controlada).
- Mantenham-se próximos ao leito capotes de mangas compridas (preferencialmente descartáveis) e luvas de procedimento.
- Disponibilizem-se à beira do leito, ou em local próximo a este, condições para a higiene das mãos (álcool com emoliente). Neste item,

ressalta-se a exigência do procedimento, em obediência, também, à RDC nº 42 de 2010, que dispõe sobre a obrigatoriedade de disponibilização de preparação alcoólica para a fricção antisséptica das mãos, pelos serviços de saúde do país, e dá outras providências (Anvisa, 2010).

- Garanta-se a presença de uma pia com sabão antisséptico na enfermaria ou na antessala do quarto para a higiene das mãos antes e depois do contato com o paciente ou com objetos de sua unidade de internação.
- Após a higiene das mãos, vista-se imediatamente o capote de mangas compridas e calcem-se as luvas.
- Caso seja necessário transportar o paciente para exames ou transferência, notifique-se o setor que irá recebê-lo, com registro verbal e em prontuário.
- Todos os itens de uso pessoal (termômetros, esfigmomanômetros, glucosímetro, equipamentos para infusão contínua e controlada, comadre, compadre etc.) devem ser mantidos na unidade para uso exclusivo do paciente e devem ser desinfectados depois da finalização de seu uso.
- Limite-se o número de visitantes ao quarto/enfermaria, orientando que todos higienizem as mãos antes e depois da visita ao paciente.
- Disponibilize-se sistema de identificação visual (placas, cores etc.) para o quarto/enfermaria com registro de fácil acesso (prontuário, livro de ocorrências etc.) a todos os profissionais quanto à situação de precaução de contato.
- Em situações de colonização/infecção por microrganismos multirresistentes, mantenham-se as precauções até a alta do paciente.

### 9.2.6.2 Precauções por transmissão aérea

Devem ser implementadas em caso de suspeita ou confirmação de infecções transmitidas homem a homem, relacionadas a microrganismos que permanecem em suspensão no ar, como o vírus da varicela, o *Mycobacterium tuberculosis* etc. Nesse sentido, orienta-se:

- Respeitar as precauções padrão.
- Disponibilizar quarto exclusivo, mantido com as portas fechadas, provido por antecâmara de acesso para a internação do paciente infectado ou em fase de investigação.
- Manter o quarto com pressão inferior aos demais ambientes de internação, provido por filtragem HEPA com sistema que permita a troca de ar, para o ambiente externo à construção, a cada 6/12 ciclos de ar por hora.
- Manter na antecâmara máscaras PFF2/N95 e demais EPIs (capotes de mangas compridas, luvas de procedimento, óculos de acrílico) para uso dos profissionais antecedendo a entrada no quarto de isolamento.
- Prover a antecâmara do quarto com pia, dispensador de sabão e papeleira para a higiene das mãos.
- Restringir a movimentação do paciente para fora do feito; se for necessário, orientá-lo a usar máscara cirúrgica, que deve ser trocada sempre que umedecida.
- Disponibilizar sistema de identificação visual (placas, cores etc.) para o quarto/enfermaria com registro de fácil acesso (prontuário, livro de ocorrências etc.) a todos os profissionais quanto à situação de precaução aérea.

### 9.2.6.3 Precauções por transmissão por gotículas

Orientadas para a proteção contra as infecções nas quais o agente envolvido é liberado por secreções respiratórias, como tosse, espirro e outras condições, que liberem perdigotos, como difteria faríngea, doenças invasivas por *Haemo-*

*phylus influenzae* tipo B (epiglotite, pneumonia, meningite) etc. Por serem patógenos que, após sua liberação, não se mantêm em suspensão no ar, não se exige o mesmo rigor de tratamento do ar e da ventilação no ambiente de internação do paciente. Havendo possibilidade, recomenda-se quarto individualizado para a internação do paciente; se não for possível, deve-se optar por distanciamento de 1,20 m entre os leitos e o uso de biombos. Acrescentam-se ainda:

- Respeitar as precauções padrão.
- Investigar com adequação o período da transmissibilidade da doença para a manutenção da precaução.
- Restringir a movimentação do paciente para fora do feito; se for necessário, orientá-lo a usar máscara cirúrgica, que deve ser trocada sempre que umedecida.
- Prover o quarto/enfermaria com pia, dispensador de sabão e papeleira para a higiene das mãos.
- Garantir o fornecimento de EPIs (óculos de acrílico, luvas de procedimento e capote de mangas compridas) para uso dos profissionais.
- Orientar, em linguagem simples e clara, que familiares e visitantes respeitem e adotem as precauções.
- Disponibilizar sistema de identificação visual (placas, cores etc.) para o quarto/enfermaria com registro de fácil acesso (prontuário, livro de ocorrências etc.) a todos os profissionais quanto à situação de precaução por gotículas.

## 》 Referências

ABNT. *Norma 7.256 – Tratamento de ar em estabelecimentos assistenciais de saúde (EAS).* Requisitos para projeto e execução das instalações. 2. ed. Rio de Janeiro: ABNT, 2005.

ANVISA. *Higienização das Mãos em Serviços de Saúde*. Disponível em: <www.anvisa.gov.br/hotsite/higienizaco_maos/index.htm>. Acesso em: 5 jul. 2011.

_____. *Resolução RDC nº 5, de 15 de fevereiro de 2008*. Estabelece os requisitos mínimos de identidade e qualidade para as luvas cirúrgicas e luvas de procedimentos não cirúrgicos de borracha natural, borracha sintética ou mistura de borrachas natural e sintética, sob o regime de vigilância sanitária. Brasília: Anvisa. Diário Oficial da União, 18 fev. 2008.

_____. *Resolução RDC nº 7, de 24 de fevereiro de 2010*. Dispõe sobre os requisitos mínimos para funcionamento de Unidades de Terapia Intensiva e dá outras providências Brasília: Anvisa. Diário Oficial da União, 25 fev. 2010.

_____. *Resolução nº 50, de 21 de fevereiro de 2002*. Dispõe sobre o Regulamento Técnico para planejamento, programação, elaboração e avaliação de projetos físicos de estabelecimentos assistenciais de saúde. Brasília: Anvisa. Diário Oficial da União, 21 fev. 2002.

_____. *Resolução RDC nº 56, de 06 de abril de 2001*. Brasília: Anvisa. Diário Oficial da União, 06 abr. 2001.

_____. *Resolução RDC nº 42, de 25 de outubro de 2010*. Dispõe sobre a obrigatoriedade de disponibilização de preparação alcoólica para a fricção antisséptica das mãos, pelos serviços de saúde do País, e dá outras providências Brasília: Anvisa. Diário Oficial da União, 26 out. 2010.

ANVISA. *Resolução RDC nº 185, de 22 de outubro de 2001*. Brasília: Anvisa. Diário Oficial da União, 06 nov. 2001.

_____. *Segurança do Paciente em Serviços de Saúde*: limpeza e desinfecção de superfícies. Brasília: Anvisa, 2010.

BRASIL. Ministério da Saúde. Coordenação de controle de Infecção. *Processamento de Artigos e Superfícies em Estabelecimentos de Saúde*. Brasília, 1994.

_____. *Portaria 2.616, de 12 de maio de 1996*. Brasília: Ministério da Saúde. Diário Oficial da União, 13 maio 1998.

_____. Ministério do Trabalho e do Emprego. Normas Regulamentadoras – NR. *Portaria GM/MTE nº 3.214, de 8 de junho de 1978*, que aprova as Normas

Regulamentadoras – NR – do Capítulo V, Título II, da Consolidação das Leis do Trabalho, relativas a Segurança e Medicina do Trabalho. Diário Oficial da União da República Federativa do Brasil. Brasília, 09 jul. 1978.

COHEN, S. H. et al. Clinical Practice Guidelines for Clostridium difficile Infection in Adults: 2010 Update by the Society for Healthcare Epidemiology of America (SHEA) and the Infectious Diseases Society of America (IDSA). *Infect. Control. Hosp. Epidemiol.*, v. 31, p. 431-55, 2010.

JOHNSON B. L.; BRYCE, E. Hospital infection control strategies for vancomycin-resistant Enterococcus, methicillin-resistant Staphylococccus aureus and Clostridium difficile. *CMAJ*, v. 180, p. 627-31, 2009

OMS. *World Alliance for Patient Safety*. Forward Programme. Geneva: WHO, 2004.

OLIVEIRA, A. C.; DAMASCENO, Q. S. Superfícies do ambiente hospitalar como possíveis reservatórios de bactérias resistentes: uma revisão. *Rev. Esc. Enferm. USP.*, v. 44, n. 4, p. 1118-23, 2010

OLIVEIRA, A. C.; KOVNER, C. T.; SILVA, R. S. Infecção hospitalar em unidade de tratamento intensivo de um hospital universitário brasileiro. *Rev. Latino-Am. Enferm.*, v. 18, n. 2, mar./abr. 2010.

PONSONI, K.; MINGIREANOV, T. R.; RADDI, M. S. G. Eficiência de máscaras cirúrgicas como equipamento de proteção respiratória contra aerossóis bacterianos. *Rev. Ciênc. Farm. Básica Apl.*, v. 26, n. 2, p. 157-8, 2005.

SANTOS, L. C. G. Procedimentos de enfermagem utilizados no controle da infecção hospitalar. In: SILVA, L. D.; PEREIRA, S. R. M.; MESQUITA, A. M. F. *Procedimentos de enfermagem*: semiotécnica para o cuidado. Rio de Janeiro: MEDSI, 2004.

SILVESTRI, L. et al. Handwashing in the intensive care unit: a big measure with modest effects. *J. Hosp. Infect.*, Londres, v. 59, n. 3, p. 172-9, mar. 2005.

VONBERG, R. P.; KUIJPER, E. J.; WILCOX, M. H. et al. Infection control measures to limit spread of Clostridium difficile. *Clin. Microbiol. Infect.*, v. 14, suppl. 5, p. 2-20, 2008.

# 10

# Enfermagem e prevenção de infecções relacionadas à assistência à saúde

>> *Simone Moreira | Lia Cristina Galvão dos Santos*

As infecções relacionadas à assistência à saúde (IRAS) são um fator complicador na unidade de terapia intensiva (UTI), pois aumentam o tempo de internação e os custos do tratamento do paciente. Considerando a dificuldade em obter vagas nas UTIs em algumas cidades no Brasil, fato evidenciado pela imprensa nacional, pode-se observar um problema que perpassa as questões gerenciais de cada unidade hospitalar, causando um impacto social com consequências para as redes pública e privada de assistência à saúde.

As IRAS na UTI constituem indicadores importantes, preconizados não apenas pela literatura, como também pelo Ministério da Saúde na Instrução Normativa nº 4, de 24 de fevereiro de 2010, publicada no Diário Oficial da União (DOU) em 25 de fevereiro de 2010, que dispõe sobre os indicadores para a avaliação da UTI. Assim sendo, a constituição de uma Comissão de Controle de Infecção Hospitalar (CCIH), prevista como imprescindível em uma UTI, deve trabalhar esses indicadores e colocá-los à disposição da equipe assistencial. Tais indicadores são importantes não só para a identificação de surtos, mas também para a elaboração de estratégias, visando ao aprimoramento de ações de prevenção de infecções em cada topografia.

As infecções com acompanhamento epidemiológico de importância no ambiente de UTI são aquelas relacionadas aos procedimentos invasivos, como: pneumonia relacionada à ventilação mecânica, infecções de corrente sanguínea relacionada ao uso do cateter vascular central e infecção urinária relacionada ao cateter vesical de demora. As demais infecções encontradas no ambiente de UTI também são computadas, mas não constituem indicadores individuais como as já citadas.

As recomendações sobre como prevenir as infecções relacionadas à assistência à saúde devem ser difundidas no ambiente assistencial para toda a equipe multidisciplinar. A capacitação dos profissionais constitui uma das mais importantes recomendações de prevenção de infecção, independentemente da topografia em questão, o que também se pode dizer quanto às recomendações de higienização das mãos para inserção e manutenção dos dispositivos invasivos usados no paciente.

## 10.1 Infecção do trato urinário

A infecção de trato urinário (ITU) relacionada ao cateter vesical de demora é a infecção mais comum no ambiente hospitalar, mas, devido à dificuldade deste diagnóstico, é pouco reconhecida e tratada. Como descrito por Lo et al. (2008), um único episódio de cateterização associa-se ao risco de 1% a 2% de desenvolvimento de ITU, podendo alcançar até 5% ao dia de permanência com o cateter.

Tal sítio de infecção tem o cateterismo vesical de demora como um dos principais fatores de risco, razão pela qual esse procedimento deve ter indicações precisas e sua permanência questionada diariamente. Entretanto, quando criteriosamente recomendada, a técnica de inserção do cateter e sua manutenção são importantes pontos de observação na prevenção das infecções relativas a esse dispositivo.

O tempo de uso do dispositivo tem relação direta com as infecções urinárias ou com a bacteriúria assintomática, em que temos isolamento microbiano sem a manifestação de sinais e de sintomas de infecção.

Classifica-se o cateterismo vesical de acordo com o tempo de permanência do cateter. O cateter vesical de demora que permanece por até 30 dias é classificado como cateterismo de curta duração e aquele que permanece por tempo superior a 30 dias, de longa duração.

## 10.1.1 Recomendações de prevenção

### 10.1.1.1 Indicação precisa do cateterismo vesical

- Estabelecer indicações precisas para a inserção e a permanência do cateter vesical de demora:
  - pacientes com retenção urinária ou obstrução;
  - monitoramento do volume urinário em pacientes críticos;
  - pacientes cirúrgicos – cirurgias urológicas ou em estruturas contíguas, cirurgias de longa duração, previsão de recebimento de grande volume hídrico durante a cirurgia e necessidade de monitoramento de controle hídrico no intraoperatório; remover o cateter até 24 horas depois da cirurgia, se não houver contraindicação;
  - tratamento de úlceras em região sacra ou lesão em região perineal;
  - pacientes com indicação de imobilização por tempo prolongado (por exemplo, lesão medular, lesão em região pélvica);
  - promover conforto ao paciente.

- Adotar alternativas ao cateterismo vesical sempre que possível:
  - em pacientes do sexo masculino sem retenção ou obstrução urinária, preferir o uso de dispositivo externo (por exemplo, preservativos com adaptação para coleta urinária);
  - considerar o uso de cateterismo intermitente em paciente com lesão medular ou com longo tempo de cateterismo vesical;
  - preferir o cateterismo intermitente em pacientes com retenção urinária;
  - considerar o cateterismo intermitente em crianças com mielomeningocele e bexiga neurogênica.

### 10.1.1.2 Inserção do cateter vesical

- Inserir o cateter vesical de demora com indicações precisas e remover o mais rapidamente possível.
- Higienizar as mãos com sabão antisséptico imediatamente antes do cateterismo vesical.
- Higienizar as mãos com sabão comum ou álcool 70% com emoliente antes e depois do manuseio do cateter e de seus dispositivos.
- Garantir que apenas pessoas treinadas executem a técnica de inserção do cateter, bem como sua manipulação durante a manutenção do dispositivo.
- Em ambiente hospitalar, usar técnica asséptica e material estéril na inserção do dispositivo:
  - uso de luvas, campo e compressas de gaze estéreis, antisséptico apropriado e lubrificante gel (lidocaína) estéril;
  - fixar o cateter depois da inserção de forma apropriada para prevenir a tração do dispositivo;

- usar cateter de pequeno calibre que garanta a drenagem da urina e evite o trauma da uretra. Os cateteres recebem numeração de acordo com a escala francesa de Charriére (Fr), que avança um terço de milímetro por número. Por exemplo, um cateter com calibre 18 Fr tem 6 milímetros de diâmetro;
- preferir o sistema de drenagem com válvulas antirrefluxo do saco coletor para o tubo de drenagem e que tenha válvula para o esvaziamento da bolsa.

## 10.1.1.3 Manutenção do cateter vesical

- Fazer a inserção de forma asséptica mantendo o sistema fechado de drenagem:
  - caso ocorra quebra na técnica asséptica e o sistema de drenagem seja danificado ou aberto, trocar todo o sistema de drenagem (cateter vesical e sistema coletor);
  - considerar a conexão do cateter vesical de demora no sistema de drenagem antes da inserção do dispositivo.
- Manter o fluxo urinário desobstruído:
  - manter o cateter e o tubo de drenagem livres de dobras;
  - manter a bolsa coletora abaixo do nível da bexiga todo o tempo; não deixá-la encostar no piso;
  - permitir que a bolsa coletora se complete até, no máximo, dois terços de sua capacidade de coleta;
  - esvaziar a bolsa coletora do sistema de drenagem regularmente usando um cálice coletor limpo e individual para cada paciente;
  - evitar a ocorrência de respingos e prevenir que o tubo de drenagem do sistema coletor encoste no cálice não estéril de coleta.

- Usar precaução padrão para manipular o dispositivo urinário.
- Trocar o cateter vesical e o sistema de drenagem segundo indicações clínicas, como infecção, obstrução, ou quando o sistema fechado for comprometido.
- Higienizar o meato uretral de forma regular durante a higiene corporal e nas trocas de fralda.
- Fazer a irrigação vesical apenas quando houver risco de obstrução (por exemplo, cirurgias de próstata). Neste caso, usar sistema fechado de irrigação (cateter vesical de três vias).
- Investir na educação permanente dos profissionais de saúde.

### 10.1.1.4 Tipo de cateter vesical

- Preferir os cateteres de silicone devido à menor formação de crostas no dispositivo, principalmente nos casos de cateterismo de longa duração que, em geral, fazem obstrução.
- Cateter vesical impregnado com antimicrobiano ou antisséptico: usar essa estratégia para a prevenção de ITU nos casos em que outras estratégias já foram adotadas, mas não se obteve melhora nos indicadores.

### 10.1.1.5 Manejo de obstrução do cateter

- Trocar o cateter e o sistema de drenagem em caso de obstrução.

### 10.1.1.6 Coleta de amostra para análise

- Obter amostra de urina de forma asséptica através de punção com seringa e agulha estéril nos pontos específicos do sistema de drenagem.
- Encaminhar a amostra de urina ao laboratório no prazo máximo de 1 hora. Caso não seja possível, pode ser mantida sob refrigeração, em geladeira exclusiva para a guarda de material biológico, por até 24 horas.
- A obtenção de grande volume para análise deve ser feita de forma asséptica por meio da bolsa coletora.

## 10.2 Infecção primária de corrente sanguínea

O uso de dispositivos vasculares em ambiente hospitalar, sobretudo em UTI, é imprescindível para a assistência do paciente. As complicações infecciosas com o acesso vascular representam um agravo à saúde do paciente, ocasionando aumento do tempo de internação, bem como elevação do custo final do atendimento prestado. Os esforços na redução das infecções relacionadas a esse dispositivo devem ser multidisciplinares, envolvendo a equipe assistencial (por exemplo, médicos e enfermeiros), os apoios técnico (por exemplo, CCIH, laboratório etc.) e administrativo (por exemplo, compra de dispositivos de boa qualidade), e, algumas vezes, o próprio paciente ou seu familiar (por exemplo, terapias infusionais intermites, hemodiálise ambulatorial etc.).

A importância da infecção de corrente sanguínea relacionada a cateter vascular central no ambiente hospitalar tem levado algumas instituições à busca incessante pela "tolerância *zero*" para essas infecções. Alcançar a meta "*zero*" é possível, mas manter esse padrão exige esforços contínuos de toda a equipe.

## 10.2.1 Prevenção de infecção: acesso vascular periférico

- Inserção do cateter periférico e preparo da pele para punção:
  - higienizar as mãos com sabonete líquido ou solução alcoólica 70% com emoliente;
  - fazer a antissepsia do local da punção com solução alcoólica (gluconato de clorexidina 0,5%, PVPI alcoólico 10% ou álcool 70%);
  - se necessário, fazer tonsura dos pelos com tricotomizador elétrico ou tesoura.
- Escolha do sítio:
  - em adulto, optar preferencialmente pelos membros superiores (as veias de escolha para a canulação periférica são as das superfícies dorsal e ventral dos membros superiores). A Infusion Nurses *Society* Brasil (INS) recomenda as da região dorsal das mãos, do metacarpo, da cefálica e da basílica, considerando sempre a primeira instalação pela região mais distal.
- Estabilização, cobertura do cateter e manutenção do cateter:
  - estabilizar o cateter de forma asséptica para prevenir o deslocamento do dispositivo e sua perda;
  - a cobertura deve ser estéril, podendo ser semioclusiva (gaze ou fixador) ou membrana transparente semipermeável (MTS);
  - a cobertura deve ser trocada apenas se houver suspeita de contaminação e sempre quando úmida, solta, suja ou com a integridade comprometida;
  - examinar o sítio de inserção do cateter no mínimo diariamente (por palpação através da cobertura para avaliar a sensibilidade ou por inspeção quando em uso de cobertura de MTS).

- Remoção do cateter periférico:
  - trocar as punções feitas em situações de emergência assim que possível;
  - retirar a punção quando houver suspeita de contaminação, complicações, mau funcionamento e descontinuidade da terapia;
  - seguir uma rotina de troca dos locais de punção; em adultos, a cada 72 a 96 horas.

Entre as complicações locais da terapia intravenosa, estão a infiltração e o extravasamento. O primeiro ocorre pelo deslocamento do cateter do interior da veia no qual foi inserido, provocando que a infusão de soluções ou fármacos não vesicantes ocorra no espaço extravascular. Já o extravasamento acontece por infiltração de soluções ou fármacos vesicantes, entre os quais estão descritos os antineoplásicos, a norepinefrina, a dopamina, a anfotericina B, o gluconato de cálcio, o cloreto de potássio em altas doses e o bicarbonato de sódio em altas concentrações (INS, 2008).

Quadro 10.1 – Escala de classificação de flebite, infiltração e extravasamento

| | Flebite | | Infiltração e extravasamento |
|---|---|---|---|
| 0 | Sem sinais ou sintomas. | 0 | Sem sinais ou sintomas. |
| 1+ | Eritema no sítio de inserção com ou sem dor local. | 1 | Pele fria e pálida, edema menor que 2,5 cm, com ou sem dor local. |
| 2+ | Dor no sítio de inserção com eritema e/ou edema. | 2 | Pele fria e pálida, edema entre 2,5 e 15 cm, com ou sem dor local. |
| 3+ | Dor no sítio de inserção com eritema e/ou edema, endurecimento e cordão fibroso palpável. | 3 | Pele fria, pálida e translúcida, edema maior que 15 cm, dor local variando de média a moderada, possível diminuição da sensibilidade. |
| 4+ | Dor no sítio de inserção com eritema e/ou edema, endurecimento e cordão fibroso palpável maior que 2,5 cm de comprimento, com drenagem purulenta. | 4 | Pele fria, pálida e translúcida, edema maior que 15 cm, dor local variando de moderada a severa, diminuição da sensibilidade e comprometimento circulatório. Ocorre na infiltração de derivados sanguíneos, substâncias irritantes ou vesicantes (extravasamento). |

Fonte: adaptado de Alexander et al. (apud INS, 2008).

## 10.2.2 Prevenção de infecção: acesso vascular central

- Indicação do uso do cateter vascular central:
  - pacientes sem reais condições de acesso venoso por venóclise periférica;
  - necessidade de monitoração hemodinâmica (por exemplo, pressão venosa central – PVC);
  - administração rápida de drogas, expansores de volume e hemoderivados em pacientes com instabilidade instalada ou previsível;
  - administração de drogas que necessitem de infusão contínua;
  - administração de soluções hipertônicas ou irritativas para veias periféricas;
  - administração concomitante de drogas incompatíveis entre si (por meio de cateteres de múltiplos lúmens);
  - administração de nutrição parenteral.
- Escolha do dispositivo:
  - *cateter de curta permanência*: indicados para pacientes com terapêutica de curta duração (até 30 dias) (por exemplo, cateter vascular central, cateter central de inserção periférica (PICC), cateter umbilical etc.);
  - *cateter de longa permanência*: recomendado para pacientes onco-hemotológicos, sobretudo em transplante de medula óssea e em portadores de insuficiência renal (diálise programada por mais de 21 dias); podem permanecer por meses a anos (por exemplo, cateter totalmente implantado – pacientes onco-hematológicos –, cateter tunelizado).
- Escolha do sítio de inserção:
  - preferir a escolha do sítio como se segue: subclávia, jugular e femoral, considerando o maior risco de colonização da última;

- recomendar, para os cateteres de hemodiálise, as veias jugular e femoral, pelo alto risco de estenose;
- garantir uma via exclusiva para infusão de nutrição parenteral.
- Inserção do cateter:
  - higienização das mãos com solução antisséptica;
  - usar barreira máxima no momento da inserção (gorro ou touca, capote estéril de mangas longas, máscara cirúrgica, luva estéril e campo estéril amplo);
  - trocar os cateteres inseridos em condições de emergência e sem o uso da barreira máxima assim que possível, não ultrapassando 48 horas.
- Preparo da pele:
  - remover os pelos quando necessário com o uso de tricotomizador elétrico ou tesoura;
  - realizar degermação da pele com solução antisséptica caso a pele esteja com sujidade;
  - proceder a antissepsia da pele com solução antisséptica, seguindo a seguinte ordem: solução alcoólica de clorexidina 0,5% ou PVPI alcoólico;
  - utilizar na solução alcoólica o mesmo princípio ativo utilizado na degermação da pele.
- Fixação, cobertura pós-punção:
  - estabilizar o cateter com o mecanismo que o acompanha na embalagem ou, na ausência deste (por exemplo, PICC), de forma estéril para evitar o deslocamento do dispositivo;
  - usar cobertura com gaze estéril e fita adesiva ou membrana transparente semipermeável estéril para cobrir a inserção do cateter.
- Manutenção:
  - higienizar as mãos antes de qualquer manipulação do dispositivo;

- aplicar antisséptico alcoólico no sítio de inserção do cateter a cada troca de cobertura (por exemplo, clorexidina alcoólica 0,5%, PVPI alcoólico, álcool 70%);
- proceder à desinfecção das conexões com solução alcoólica;
- examinar o sítio de inserção do cateter no mínimo diariamente, por palpação através da cobertura, para avaliar a sensibilidade, e por inspeção, se usar cobertura de MTS;
- manter os dispositivos vasculares centrais com infusão contínua, excetuando-se os dispositivos de longa permanência;
- usar selamento (*lock*) com antimicrobianos apenas quando houver histórico anterior de múltiplas infecções primárias de corrente sanguínea (IPCS) e a disponibilidade de acessos vasculares for limitada; avaliar esta orientação quando a consequência de eventual bacteremia for muito grave (por exemplo, em pacientes com próteses endovasculares) ou quando as taxas de IPCS estiverem acima da meta, a despeito da adesão a todas as outras medidas preventivas; discutir estratégia com a CCIH antes de fazer o procedimento, dado o risco potencial de seleção de resistência microbiana e eventual toxicidade sistêmica;
- trocar a cobertura com gaze estéril a cada 24/48 horas, ou antes, se estiver suja, solta ou úmida, e da cobertura transparente semipermeável a cada sete dias, ou antes, se suja, solta ou úmida;
- a cobertura com gaze estéril é preferível à cobertura com MTS em pacientes com discrasias sanguíneas, sangramento local ou para aqueles com sudorese excessiva; se a escolha de cobertura for a gaze estéril, cobrir o curativo com superfície impermeável durante o banho.

- Troca/substituição do cateter:
  - substituir o cateter em caso de suspeita ou confirmação de infecção por este dispositivo;
  - trocar por fio guia apenas em complicações não infecciosas e depois da avaliação do risco desse procedimento.

## 10.2.3 Prevenção de infecção: cateteres de longa permanência

Manter as recomendações descritas para os cateteres de curta permanência, como a barreira máxima e as técnicas assépticas, na manutenção dos dispositivos. Acrescentar a essas as recomendações a seguir.

- Inserção e manutenção:
  - devem ser inseridos cirurgicamente em ambiente controlado, como centro cirúrgico e sala de hemodinâmica;
  - os cuidados recomendados são os mesmos que os descritos para cateteres de curta permanência;
  - depois da cicatrização do óstio (em média, duas semanas), manter o sítio de inserção descoberto.
- Acionamento de cateter totalmente implantado:
  - fazer a punção do reservatório (*port*) com agulha/escalpe, angulada, própria para uso na membrana do reservatório (agulha tipo Huber);
  - usar máscara cirúrgica durante a punção do reservatório (profissional e paciente);
  - usar luvas estéreis e técnica asséptica (na punção do reservatório, fazer a antissepsia da pele com gluconato de clorexidina alcoólica 0,5%);

- manter a agulha por até sete dias, protegida por cobertura estéril;
- trocar a cobertura com gaze estéril e fita adesiva a cada 24/48 horas, ou antes, se estiver suja, solta ou úmida, e da cobertura transparente semipermeável a cada sete dias, ou antes, se suja, solta ou úmida;
- preferir o uso de cobertura transparente semipermeável, dado o risco de deslocamento da agulha, em caso de paciente internado;
- garantir estabilização da fixação, evitando mobilização da agulha Huber; evitar, sempre que possível, a coleta de sangue por meio do reservatório.

- Cateter arterial (periférico e central):
    - usar transdutores descartáveis para a monitoração da pressão arterial invasiva;
    - trocar esses transdutores a cada 96 horas, com seus acessórios e soluções para *flush*;
    - usar cobertura estéril;
    - preferir sistema fechado de monitoração caso este seja adotado para coleta de sangue para exames.

- Arterial central (Swan-Ganz):
    - manter o dispositivo pelo prazo máximo de cinco dias (Anvisa, 2010);
    - usar *sleeve* (saco plástico) estéril para proteção do cateter durante sua manipulação;
    - remover o introdutor com o cateter;
    - manter o dispositivo por onde o cateter é inserido (bainha) com infusão contínua de solução endovenosa para evitar a formação de trombos.

- Arterial periférico:
    - usar cateter específico para punção de artéria periférica;
    - não trocar rotineiramente o cateter arterial periférico.

- Cateteres recobertos/impregnados:
  - são cateteres recobertos com antissépticos (por exemplo, sulfadiazina de prata e clorexidina) e aqueles impregnados por antimicrobianos, como minociclina e rifampicina;
  - podem ser recomendados em situações em que as taxas de IPCS persistirem acima do valor máximo aceitável, a despeito da implantação de todas as outras medidas de prevenção supracitadas; quando o paciente tiver histórico de múltiplas IPCS e a disponibilidade de acessos vasculares for limitada, ou quando a consequência de eventual bacteremia relacionada a cateter for muito grave (por exemplo, em pacientes com próteses endovasculares).

## 10.2.4 Prevenção de infecção: sistema de infusão

- Frascos de solução:
  - usar bolsa colabável e transparente, que permita o escoamento total de seu conteúdo, sem necessidade de desconexão do sistema;
  - na adoção de frasco rígido ou de polietileno, está recomendado o uso de equipos com respiro;
  - é contraindicada a perfuração da bolsa, frasco semirrígido ou rígido, com o objetivo de permitir a entrada de ar;
  - a troca do frasco deve respeitar o tempo de infusão e a estabilidade da solução ou do fármaco reconstituído.
- Equipos:
  - adotar equipos com injetor lateral; este deve ser confeccionado com material autosselável, isento de látex, para uso exclusivo com

seringas, e adaptador tipo *luer lock*, em sua porção distal, como medida de segurança para evitar a desconexão acidental;
- usar equipo com respiro com filtro hidrofóbico de 0,22 μ e que atenda a legislação vigente no país, apenas em frascos rígidos (vidro) ou semirrígidos (polietileno);
- sistema de conexão *luer lock* na porção distal do equipo, para adaptação segura em cateteres e dânulas, entre outros.

Quadro 10.2 – Periodicidade de troca do equipo de infusão

| Modalidade | Periodicidade |
| --- | --- |
| Infusão contínua | Troca a cada 72-96 h |
| Infusões intermitentes | Troca a cada 24 h |
| Nutrição parenteral | Troca a cada 24 h |
| Emulsões lipídicas | Troca a cada 12 h (por exemplo, Propofol) |
| Hemocomponentes e hemoderivados | Troca a cada unidade |

Observação: o sistema de infusão deve ser trocado na suspeita ou confirmação de IPCS.

- Conectores/dânulas (torneirinhas):
  - desinfectar as conexões com solução alcoólica por meio de fricção vigorosa com, no mínimo, três movimentos rotatórios, usando gaze limpa ou sachê, sempre antes de acessar o dispositivo;
  - monitorar cuidadosamente as taxas de infecção depois da introdução de conectores valvulados;
  - trocar os conectores a cada 72/96 horas, quando houver resíduo de sangue ou precipitação, ou de acordo com a recomendação do fabricante;
  - trocar as dânulas com o sistema de infusão (a cada 72/96 horas);
  - as entradas da dânula devem ser mantidas cobertas com tampas estéreis quando livres de equipos de infusão.

- Tubos extensores para infusão:
  - nos cateteres periféricos, pode ser considerado parte destes (trocar a cada 72/96 horas);
  - em cateteres centrais, a troca do extensor deve ser feita com o sistema de infusão (72/96 horas);
  - em uso intermitente, trocar a cada etapa (quando da desconexão do acesso vascular); essa troca pode ser adiada para cada 24 horas em infusão de solução intermitente, com manutenção do extensor no acesso vascular ocluído por conector valvulado (salinizar extensor).
- Bombas de infusão:
  - a limpeza e a desinfecção da superfície e do painel das bombas de infusão devem ser feitas a cada 24 horas e na troca de paciente, usando produto conforme recomendação do fabricante.
- Preparo de medicação:
  - usar, quando possível, frascos de dose individual para soluções e medicações;
  - não misturar as sobras de frascos de uso individual para uso posterior;
  - desinfectar o diafragma do frasco de multidose com álcool 70% antes de perfurá-lo;
  - usar um dispositivo estéril para acessar o frasco multidose;
  - descartar o frasco multidose se a esterilidade for comprometida;
  - o conjunto de agulha e seringa que acessar o frasco multidose deve ser usado uma única vez e descartado depois em recipiente adequado.

## 10.3 Pneumonia hospitalar

A pneumonia relacionada à assistência à saúde é uma das infecções de mais difícil manejo nas UTIs, nas quais constitui a causa mais comum de infecção, respondendo por 25% das infecções computadas e em torno de 50% dos antimicrobianos prescritos (Couto et al., 2009).

O cuidado com os pacientes em assistência ventilatória e as recomendações de prevenção de infecções relacionadas a essa prática sofrem interferência de variados profissionais. Equipes médicas de diversas especialidades, equipe de enfermagem, grupo de suporte nutricional, assistência odontológica, fisioterapia, entre outros, atuam na prevenção da pneumonia relacionada à ventilação mecânica.

Vale dizer que a interface entre esses profissionais é de grande importância para garantir a segurança assistencial e, consequentemente, a obtenção de um adequado resultado nessa prática assistencial.

### 10.3.1 Recomendações para prevenção de pneumonia relacionada à assistência a saúde

- Cuidados com os equipamentos:
  - fazer a limpeza e a desinfecção de alto nível ou a pasteurização (termodesinfecção a 70 ºC por 30 min) dos artigos de suporte ventilatório entre um paciente e outro;
  - trocar os circuitos de ventilação mecânica quando esses apresentarem mau funcionamento ou sujidade visível;
  - descartar o líquido de condensação que se forma no circuito de ventilação mecânica com cuidado para não que não volte ao paciente;

- usar luvas de procedimento e higienizar as mãos ao aplicar esse cuidado;
- usar água estéril, caso se proceda à umidificação com o dispositivo próprio do ventilador mecânico e em dispositivos como macronebulizadores;
- substituir o filtro umidificador descartável (filtro de bactérias) quando este apresentar sujidade visível ou mau funcionamento; seguir a rotina de troca implementada pela CCIH da instituição, que pode variar de 24 horas (recomendação do fabricante) a tempo superior a esse, desde que validado na instituição;
- substituir o umidificador de oxigênio (incluindo circuito e cateter nasal), quando em uso no mesmo paciente, sempre que esse apresentar mau funcionamento ou sujidade visível;
- trocar o nebulizador a cada nebulização em um mesmo paciente; se esse procedimento for inviável, secar o nebulizador com gaze estéril entre uma nebulização e outra, desinfetar com álcool 70% e mantê-lo acondicionado em embalagem fechada até o próximo uso;
- usar apenas fluidos estéreis nos nebulizadores/macronebulizadores, colocando-os de forma asséptica no dispositivo;
- trocar dispositivos como aerocâmara sempre que apresentarem mau funcionamento ou estiverem contaminados com material orgânico; os medicamentos empregados nesses dispositivos devem ser individualizados (um frasco para cada paciente em uso de aerocâmara);
- ventilômetro e respirômetro devem ser limpos e desinfetados entre um paciente e outro;
- ressuscitadores manuais devem ser limpos e desinfetados (desinfecção de alto nível) ou pasteurizados (termodesinfecção a 70 ºC por 30 min) entre um paciente e outro.

## 10.3.2 Prevenção de transmissão de pessoa para pessoa

- Adotar precaução padrão na abordagem de pacientes em suporte ventilatório – higienização das mãos e uso de luvas antes e depois do contato com ele, com seus equipamentos de suporte ventilatório e secreções.
- Trocar a cânula de traqueostomia seguindo a técnica asséptica. Substitui-la por outra estéril ou submetida a desinfecção de alto nível.
- Aspirar secreções do paciente seguindo a técnica asséptica (cateter estéril, luvas estéreis) e a precaução padrão (máscara cirúrgica e óculos de proteção).
- Usar água estéril para lavar o cateter entre uma aspiração e outra no mesmo paciente.

## 10.3.3 Prevenção de aspirações e translocação bacteriana

- Remover dispositivos como cateteres nasogástrico ou orogástrico e cânulas endotraqueal e de traqueostomia assim que a condição clínica do paciente permitir.
- Implementar protocolos de interrupção de sedação para fins de progressão do desmame do paciente da ventilação mecânica.
- Preferir alimentação por via enteral para prevenir a atrofia das vilosidades na parede do intestino e translocação microbiana.
- Implementar protocolo de profilaxia para úlcera gástrica, no qual a indicação do uso do bloqueador $H_2$ seja conferida diariamente.
- Usar ventilação não invasiva (VNI) sempre que possível para reduzir o tempo de exposição do paciente à ventilação invasiva.

- Evitar a reentubação em pacientes que já permaneceram em ventilação mecânica.
- Aspirar as secreções localizadas sobre o *cuff* antes de desinsuflá-lo para remover ou movimentar a cânula endotraqueal.
- Manter a pressão do *cuff* em 20 cm $H_2O$ para prevenir a migração dos microrganismos para o trato respiratório inferior.
- Elevar a cabeceira dos leitos entre 30º e 45º nos pacientes que estejam em ventilação mecânica recebendo alimentação por cateter enteral e com rebaixamento do nível de consciência, caso não haja contraindicação.
- Verificar rotineiramente o posicionamento do cateter enteral.
- Implementar um programa de higiene oral em pacientes com risco elevado de pneumonia associada à assistência.
- Considerar o uso de solução oral de clorexidina 0,12% em pacientes em pré-operatório de cirurgia cardíaca e naqueles com alto risco para pneumonia relacionada à ventilação mecânica; nesse último, a cada 12 horas.

## » Referências

ATSJ. *Guideline for the management of adults with Hospital-acquired, ventilator-associated, and healthcare-associated pneumonia*. 2005. Disponível em: <http://www.atsjournals.org>. Acesso em: 18 mai. 2011.

Anvisa. *Instrução Normativa nº 4*. Brasília: Anvisa, 2010.

_____. *Orientações para Prevenção de Infecção primária de Corrente Sanguínea*. Brasília: Anvisa, 2010.

_____. *RDC nº 4, de 4 de fevereiro de 2011*. Brasília: Anvisa, 2011. Disponível em: <http://www.brasilsus.com.br/legislacoes/rdc/107289-4.html>. Acesso em: 18 mai 2011.

Anvisa. *RDC nº 45, de 12 de março de 2003*. Brasília: Anvisa, 2003. Disponível em: <http://www.anvisa.gov.br>. Acesso em: 18 mai. 2011.

Center for Disease Control and Prevention. *Guidelines for the prevention of intravascular catheter-related infections*. Atlanta, 2011. Disponível em: <http://www.cdc.gov>. Acesso em: 18 mai. 2011.

_____. *Guidelines for preventing Healthcare Associated Pneumonia*. Atlanta, 2003. Disponível em: <http://www.cdc.gov>. Acesso em: 18 mai. 2011.

Couto, R. C. et al. *Infecção hospitalar e outras complicações não infecciosas da doença*: epidemiologia, controle e tratamento. 4. ed. Rio de Janeiro: Guanabara Koogan, 2009.

Fernandes, A. T.; Fernandes, M. O. V.; Ribeiro Filho, N. (Org.). *Infecção Hospitalar e suas Interfaces na área da Saúde*. Rio de Janeiro: Atheneu, 2000.

Healthcare Infection Control Practice Advisory Committee. *Guideline for Prevention of Catheter-Associated Urinary Tract Infections*, Atlanta, 2009.

INS. *Diretrizes práticas para terapia intravenosa*, 2008.

Lo, E. et al. Strategies to prevent catheter-associated urinary tract infections in acute care hospitals. *Infect. Control. Hosp. Epidemiol.*, v. 29, Suppl. 1, p. S41-50, 2008.

Sobre o Livro
Formato: 17 x 24 cm
Mancha: 12 x 18,8 cm
Papel: Offset 90 g
nº páginas: 280
Tiragem: 3.000 exemplares
1ª edição: 2013

Equipe de Realização
*Assistência editorial*
Emerson Charles

*Assessoria editorial*
Maria Apparecida F. M. Bussolotti

*Edição de texto*
Dida Bessana (Preparação do original e copidesque)
Roberta Heringer de Souza Villar e Nathalia Ferrarezi (Revisão)

*Editoração eletrônica*
Renata Tavares (Capa, projeto gráfico e diagramação)
Ricardo Howards e Douglas Docelino (Ilustrações)

*Fotografia*
Tamara Murray | iStockphoto (Foto de abertura)
DNY59 | iStockphoto (Foto de capa)

Impressão Cromosete